오늘도 교실은 맑음

오늘도 교실은 맑음
작은 시골 학교 교사가 건네는 소박한 교실 이야기

초 판 1쇄 2025년 08월 21일

지은이 박명찬
펴낸이 류종렬

펴낸곳 미다스북스
본부장 임종익
편집장 이다경, 김가영
디자인 윤가희, 임인영
책임진행 김은진, 이예나, 김요섭, 안채원

등록 2001년 3월 21일 제2001-000040호
주소 서울시 마포구 양화로 133 서교타워 711호
전화 02) 322-7802~3
팩스 02) 6007-1845
블로그 http://blog.naver.com/midasbooks
전자주소 midasbooks@hanmail.net
페이스북 https://www.facebook.com/midasbooks425
인스타그램 https://www.instagram.com/midasbooks

ⓒ 박명찬, 미다스북스 2025, *Printed in Korea.*

ISBN 979-11-7355-369-1 03810

값 19,000원

※ 파본은 구입하신 서점에서 교환해드립니다.
※ 이 책에 실린 모든 콘텐츠는 미다스북스가 저작권자와의 계약에 따라 발행한 것이므로 인용하시거나 참고하실 경우 반드시 본사의 허락을 받으셔야 합니다.

미다스북스는 다음세대에게 필요한 지혜와 교양을 생각합니다.

오늘도 교실은 맑음

작은 시골 학교 교사가 건네는 소박한 교실 이야기

박명찬 지음

미다스북스

프롤로그

　교사로서 늘 부족한 저를 마주하지만, 오늘도 교사로 살아갈 수 있어 감사합니다. 저의 작은 몸부림에도 조금씩 커가는 아이들을 보며 뿌듯하고 행복한 교사로 살아가고 있습니다. 아이들과 함께하는 하루하루는 언제나 특별합니다. 반복되는 일상 같지만 특별한 웃음과 눈물, 갈등과 성장이 담겨 있습니다. 그래서 아이들과 함께하는 교실에서의 모든 순간이 소중합니다.

　이 책은 그런 소중한 순간들을 담고 싶어 시작한 이야기입니다. 작은 시골 학교 교사로 살아가며 마주한 소박한 교실 이야기를 담았습니다. 특별할 것 없는 평범한 교실이지만, 저에게는 세상에서 가장 따뜻하고 소중한 이야기가 피어나는 공간입니다. 교사로서의 몸부림, 아이들과의 소소한 갈등, 그리고 눈부신 성장의 기록을 써 내려갔습니다.

아이들과의 일상이 주는 기쁨과 감동, 때로는 고민을 글로 옮기며 새삼 알게 되었습니다. 교사의 길이 얼마나 의미 있고 아름다운지, 그리고 그 길을 걸을 수 있는 오늘이 얼마나 감사한지요.

이 책이 지금 이 순간에도 아이들과 함께 교실을 살아가고 있는 선생님들과 부모님들께 조심스럽게 마음을 건네는 책으로 다가갔으면 좋겠습니다. 함께 고군분투하고 있는 교사들에게는 작은 위로와 공감이, 아이들의 삶을 지켜보는 부모님들께는 따뜻한 이해와 신뢰가 전해졌으면 좋겠습니다.

책은 다섯 개의 장으로 구성했습니다. 각 장을 1교시, 2교시와 같이 이름 붙여, 독자들과 함께 교실 속으로 풍덩 빠져보고자 했습니다. 교실의 평범한 일상, 아이들의 다채로운 경험, 때로는 아프고 복잡했던 갈등의 순간들, 그리고 한 걸음씩 성장해 가는 아이들 이야기, 그런 아이들 앞에서 조금 더 나은 어른이 되기 위해 애쓰는 저의 모습을 담았습니다. 글을 쓰는 내내, '인생은 해석'이라는 말처럼, 아이들과 함께한 날들이 제게는 세상에서 가장 아름다운 이야기였음을 느꼈습니다. 교실에서의 일상에 많은 일들이 있었지만, 돌아보니 '오늘도 교실은 맑음'이었습니다. 그 이야기들을 독자들과 함께 나눌 수 있어 감사합니다.

제가 받은 조건 없는 사랑이, 저의 작은 삶을 통해 아이들에게도 흘러가길 소망하며 살아왔습니다. 조금이나마 괜찮은 교사로 살아갈 수 있도록, 삶의 모든 여정과 매 순간마다 멘토이자 스승으로 함께해 주신 하나님께 감사합니다.

목차

프롤로그 005

1교시

교실,
모두가 피어납니다

다시 시작, 설렘 015
첫날, 야무지게 021
아침 공책, 동글동글해지는 시간 028
쉬어도 괜찮아 035
단단하게, 반복의 힘 041
느리지만 확실하게, 기초 연습 047
얘들아, 운동장 가자! 054

2교시

경험,
세상을 배워 갑니다

엄마와 함께 도마 다듬기　063
레일바이크 타고 세상 밖으로　070
손톱 위 예술, 미래를 그리다　077
딸기에 반하다　084
오늘은 내가 소방관　091
함께 꾸는 꿈, 장애 이해 교육　098
모든 과정은 아름답다　104
생명 사랑, 나부터　112

3교시

갈등,
성장하는 시간입니다

선생님과 쌤, 교사의 자리 찾기　121
예쁘지 않은 꽃은 없다　127
그저 피는 꽃은 없다　134
속도보다 중요한 건 방향　141
신발장 바꾸는 날　147
카네이션 꽃다발에 사랑을 싣고　153
AI 시대 인간미 넘치는 아이들　160

> 4교시

아이들,
믿는 만큼 자라납니다

우리 반 재능발표회 169
나는 매일 걸작을 만난다 175
특별한 날, 특별한 상장 182
우리 학교에 오은영 있다 189
너는 존재만으로 소중해 195
감사로 빛나는 일상 201
작가, 꿈은 이루어진다 208

> 5교시

교사,
삶으로 가르칩니다

교사가 행복해야 아이들도 행복하다 217
잘 내려진 커피 같은 존재 224
책 읽는 교사의 행복 231
아이들과 함께 배우는 교사 238
감사의 마법 244
교사, 자기 관리부터 251
블로그로 글 쓰는 교사 257
나를 돌보는 시간 263

에필로그　270

| 일러두기 |
본문 내에 수록된 아이들의 이름은 모두 가명입니다.

1교시

교실,
모두가 피어납니다

첫날의 긴장감을 기억하는 일상도
꽤 괜찮을 것 같습니다.
허투루 살지 않겠지요.
그날의 기분과 태도면 뭐든 해낼 겁니다.

다시 시작, 설렘

샛노란 프리지어 꽃향기는 고마움과 설렘을 추억하게 한다. 6학년 졸업식 날, 내 인생 처음으로 꽃다발을 받았다. 그것도 엄마에게서. 지금 생각해 봐도 모든 것이 어울리지 않는 조합이었다. 그때까지 엄마는 나에게 늘 바쁜 사람, 눈 한번 마주칠 여유가 없는 사람, 살가운 말 한마디 못 건네던 무뚝뚝하고 무심한 존재였다. 그런 엄마가 졸업식 날 말쑥하게 차려입고 학교에 오셨다. 게다가 꽃다발을 들고. 무심하게 꽃다발을 건네는 엄마가 무척이나 어색했지만, 그 순간의 먹먹함은 오랫동안 진하게 남았다. 엄마와의 다정한 순간으로 두고두고 기억한다. 그때는 엄마가 무슨 꽃을 들고 왔는지조차 관심 없었다. 중요했던 건 우리 엄마가 꽃다발을 들고 학교에 왔다는 사실이었다.

세월이 지나고, 내 기억에 선명하게 남아 있는 건 그날 내 마음을 감싸던 프리지어의 향기다. 중학교, 고등학교, 대학교 졸업식 때도 프리지어 꽃다발은 빠지지 않았다. 프리지어 꽃향기를 맡을 때면 6학년 졸업식 날의 어색했던 순간으로 돌아간다. 엄마에게 고마웠던 마음, 모든 것이 이해되고 풀어졌던 마음, '중학교에 가면 엄마를 위해 열심히 공부해야지' 했던 다짐. 그런 마음들이 프리지어 향기에 뒤섞여 지금도 내 마음을 흔든다. 그 추억 덕분일까. 어른이 되고 교사가 된 지금, 새롭게 시작하는 날이 오면 나는 프리지어꽃을 산다.

교사의 새 학기는 2월부터 시작된다. 새로운 학급을 배정받고, 새로운 교실에서 3월을 준비한다. 2월의 마지막 두 주는 그 어느 때보다 긴장되고 분주하다. 학교 가는 길, 꽃집에 들러 프리지어 한 다발을 샀다. 차 안 가득 꽃향기가 진하게 퍼졌다. 싱그러운 설렘이 온몸을 감쌌다. 프리지어 향기 속에서 엄마가 몽글몽글, 고마운 마음이 몽실몽실, 잘해 보자 다짐하는 마음은 불끈불끈 피어났다. 50분의 출근길이 프리지어 꽃향기와 함께 콧노래 흥얼거리는 시간이 되었다.

교실에 들어서니 텁텁한 공기가 교실을 가득 채우고 있었다. 프리지어를 화병에 꽂아 책상 위에 올려 두었다. 앞뒤 문과 창문을 활짝 열었다. 신선한 겨울바람이 교실을 휘감았다. 청소기로 교실 바닥을 구석구석 돌리고, 밀대로 쓸어 닦았다. 깨끗해진 교실 사이로 프리지어 향기가 싱그럽게 퍼졌다.

올해는 세 분 선생님이 새로 오셨다. 인사이동으로 육아 휴직으로 선생님들을 떠나보내는 아쉬움이 있었다. 하지만 새로운 만남은 또 다른 설렘과 기대를 안겨준다. 매년 거치는 과정이지만, 새 학기는 언제나 긴장된다. 올 한 해 선생님들과 함께 만들어 갈 시간이 아이들과의 시간 못지않게 기대된다.

우리 학교는 아주 작은 시골 학교다. 올해는 유치원생 세 명, 초등학생 열네 명, 전교생 열일곱 명이다. 작은 학교에 귀한 입학생이 찾아왔다. 작년엔 입학생이 한 명도 없었는데, 올해는 무려 네 명이나 입학했다. 얼마나 귀엽고 예쁜지 모른다.

내가 맡게 된 학급은 3·4학년이 한 교실에서 공부하는 복식학급이다. 3학년 아이들은 작년에, 4학년 아이들은 재작년에 가르쳤던 아이들이다. 전교생이 적다 보니 '우리 반, 너희 반'이라는 말이 무색하다. 모두가 우리 반 아이처럼 챙겨준다. 선생님들은 한 달 정도 함께 지내다 보면 전교생 한 명 한 명에 대해 속속들이 알게 된다. 급식 최애 메뉴까지 알 정도다. 나는 우리 반 아이들 담임을 두 해째 하게 되었으니 얼마나 잘 알겠는가. 아이들의 성격, 좋아하고 싫어하는 것, 가정환경, 장단점 등 웬만한 걸 꿰뚫고 있다. 그래도 긴장되는 건 어쩔 수 없다. 3·4학년 복식학급이라는 조합은 이번이 처음이니까.

한 아이 한 아이 잘 알기에 염려되는 부분도 있다. 키도 몸무게도 쑥쑥 자랐듯 아이들의 생각과 분위기 역시 달라졌다. 게다가 올해 3·4학년은 2022 개정 교육과정 적용 학년군이다. 수업을 구성하는 게 쉽지 않다. 학생 맞춤형 수업, 교과 통합 활동, 교육과정 자율편성, AI 디지털 기술 활용까지 새로운 내용이 많다. 가 보지 않은 길은 항상 두려움이 앞선다. 하지만 언제나 그랬다. 두렵지만 끝까지 가 보면 완벽하진 않아도 내 안의 가능성을 발견하게 된다. '3·4학년 복식학급! 2022 개정 교육과정! 다 와 보라고 해! 내가 상대해 줄 테니까.' 혼자 큰 소리로 외쳐 본다. 조금 웃기지만 이상하게 힘이 난다.

화병 속 프리지어가 활짝 웃으며 응원하는 듯하다. '괜찮아, 잘할 수 있어!'라고.
긴 겨울방학을 지나고 훌쩍 자라 새롭게 만날 아이들, 새로운 교과서로 가르치고 배울 수업들, 새로운 학년 조합으로 이뤄질 활동들, AI 디지털교과서로 펼쳐질 새로운 배움의 세계, 모든 것이 설레고 기대된다.

3월 4일, 새 학기 첫날. 교실에 들어서는 아이들 마음이 나의 6학년 졸업식 날처럼 어색했지만 따뜻했던 마음과 닮아 있기를 바란다. 무뚝뚝하지만 사랑 가득했던 우리 엄마가 건네준 프리지어 꽃다발의 진한 향기가 다시 시작하는 아이들 마음 깊은 곳에 닿기를 바란다. 고마움과 설렘의 추억으로 기억되는 첫날이 되기를 진심으로 기도한다.

우리 반 알림장

✏️ 오늘의 문장

프리지어 꽃다발의 진한 향기가 다시 시작하는 모든 이들의 마음 깊은 곳에 닿기를 바랍니다.
고마움과 설렘의 추억으로 기억되는 첫날이 되기를 기도합니다.

☕ 오늘의 생각

새 학기 첫날, 첫 등교 날을 떠올려 보세요.
어떤 기분이 드나요?
기억에 남는 교실의 풍경을 글이나 그림으로 그려 보세요.

_____

_____

_____

_____

_____

첫날, 야무지게

꽃은 다 좋다. 우리 학교에 피고 지는 꽃을 꼽는다면 손가락 발가락을 다 써도 모자랄 정도다. 이른 봄 꽃잔디를 시작으로 수선화, 할미꽃, 개나리, 목련, 벚꽃, 민들레, 제비꽃, 조팝나무, 박태기, 작약, 모란, 철쭉, 영산홍, 매꽃, 나리, 라일락, 낮달맞이, 양귀비, 금계국, 무늬옥잠화, 수국 그리고 한 여름의 상징 능소화까지. 봄과 여름꽃만 읊어도 숨이 찬다. 매일 새롭게 피고 지는 꽃들이 궁금해 학교 오는 아침이 기대에 부푼다. 먼 거리지만 설레는 마음으로 출근한다. 이게 시골 학교 다니는 재미지 싶다.

학교에는 365일 지지 않는 꽃도 있다. 모든 꽃들 중에 꽃, 최고의 아름다움을 뽐내는 우리 아이들이다. 80억 인구라 하는데, 우리 아이들 같은 꽃은 이 세상에 하나뿐이다. 그래서 예쁘지 않은 아이가 없다. 소중하지

앉은 아이가 없다.

입학식 날, 오늘은 새롭게 피어나는 꽃들을 환영하는 날이다.

올해 입학생은 유치원생 세 명, 1학년 네 명이다. 지난주부터 전 교직원이 입학 환영 강당을 꾸미느라 정성을 쏟았다. 방송, 조명, 파워포인트가 제대로 작동하는지 리허설을 마쳤다. 입학 선물도 곱게 포장해두었다.

넓은 강당은 화사한 풍선 꽃장식으로 생동감이 넘쳤다. 부모님들까지 함께하니, 금세 강당이 좁게 느껴졌다. 동네 잔칫날 같았다.

신입생들이 맨 앞줄에 쪼르르 앉았다. 잠시도 가만 있지 못하고 몸을 비틀고 이리저리 두리번거리는 모습조차 귀여웠다. 재학생들은 입학식 축하 공연을 앞두고 긴장한 얼굴로 강당 한편에 줄지어 섰다. 드디어 빵빠레가 울리고 언니 오빠들이 무대에 올랐다.

우쿨렐레 공연이 시작되었다. 〈별빛달빛〉, 〈나는 반딧불〉 두 곡을 노래 부르며 연주했다. 강당 가득 아이들의 연주와 노랫소리가 울려 퍼졌다. 열 명의 아이들이 만들어 낸 합주는 어떤 대단한 공연단도 줄 수 없는 감동이었다.

'너는 내 별빛 내 마음의 별빛 넌 나만의 달빛 소중한 내 달빛'

'나는 내가 빛나는 별인 줄 알았어요. 한 번도 의심한 적 없었죠. 몰랐어요. 난 내가 벌레라는 것을 그래도 괜찮아 난 눈부시니까.'

한마음이 되어 노래를 따라 부르며 뭉클해졌다. 가사가 아름다워서, 아이들 목소리가 고와서, 우쿨렐레 소리가 맑아서, 그리고 이 무대를 만들어 낸 아이들이 대견해서.

이제 막 엄마 품을 떠난 유치원 아이들이 교장 선생님 앞에서 입학 허가 선서를 했다. 고사리 같은 손을 번쩍 들고 또박또박 '선서'를 외치는 모습이 어찌나 깜찍하던지. 아이들이 한 걸음 움직일 때마다 강당은 웃음바다가 되었다.

초등학생이 된 아이들은 조금 더 의젓한 모습으로 선서에 임했다. 무대 아래서 지켜보던 언니 오빠들은 연신 "귀여워!"를 연발하며 박수와 환호를 보냈다. 자기 몸집보다 큰 입학 선물을 품에 꼭 끌어안고 내려오는 아이들 얼굴은 세상을 다 가진 듯했다. 아이들이 이날을 오래 기억했으면 좋겠다. '너희는 이렇게 환영받는 존재로 이 땅에 왔어. 어떤 모습이라도 너희는 변함없이 소중하다는 것 잊지 않기를 바라. 지금처럼.'

입학식이 끝나고, 드디어 우리 반 아이들과 첫 만남을 가졌다. 3학년 예린이와 지호는 작년에 함께한 아이들이다. 4학년 서연이와 민서는 2년 전 담임했던 아이들이다.

"올해 선생님 반이 되어줘서 고마워. 선생님은 럭키비키야! 너희를 다시 가르치게 되었다니! 올해 우리, 더 행복한 교실 만들어 보자!"

내 진심이 전해졌는지, 아이들은 밝고 힘찬 목소리로 "네!" 하고 대답했다. 그 소리에 힘이 나고 웃음이 났다.

첫 수업은 삼각 이름표 만들기였다. 작은 학교, 이미 모두가 다 아는 사이인데 '굳이!' 할지도 모르지만, 우리는 할 거 다 한다. 왜냐하면, 새 학년은 처음이고, 2025년도 처음이고, 3학년 4학년과의 만남도 처음이니까. 아이들은 삼각 이름표에 자기 이름을 한 땀 한 땀 정성껏 수 놓았다. 알록달록 나만의 개성을 담아 색칠했다. 좋아하는 캐릭터를 그려 넣거나 스티커로 꾸미기도 했다. 이름표 하나에 정성을 쏟는 그 시간에 아이들은 무슨 생각을 했을까? 아마도 새로운 학년의 새 출발을 다짐했을 것이다. '친구들과 잘 지내보자, 공부도 열심히 해 보자' 그런 다짐들을 했으리라. 완성된 이름표는 책상 오른쪽 끝에 붙였다. 마침내 책상이 주인을 만났다. 예린이는 물티슈를 꺼내 책상을 닦았다.

"책상에 뭐 묻었어?"

"아뇨, 그냥 제 책상이니까요."

이름표 하나로 아이는 새 교실에 적응해 가고 있었다. 아이들 이름표를 앞면 뒷면 살펴보았다. '올해의 다짐'과 '나에게 하고 싶은 말'이 정갈한 글씨로 써 있었다.

"음, 멋진데! 기대된다! 응원할게!"

한마디씩 건네자, 아이들 어깨가 으쓱해진다. 첫날, 아이들은 참 잘해 냈다.

새로운 시작은 누구에게나 낯설고 긴장된다. 하지만, 바로 곁에서 우쿨렐레 환영의 노래 불러주는 이가 있다면 잠시 긴장 풀고 기분 좋게 시작할 수 있다. 작은 이름표 만드는 것에서부터 시작한다면 낯섦도 곧 익숙해지고, 할 수 있을 것 같은 자신감도 생긴다. 첫날의 긴장감을 기억하는 일상도 꽤 괜찮을 것 같다. 허투루 살지 않을 거다. 그날의 기분과 태도면 뭐든 해낼 거다. 혹시 잘못해도 괜찮다. 우리는 매 학기 첫날을 다시 맞이하니까. 참 다행이다. 1학기, 2학기 일 년에 두 번은 다시 시작할 수 있으니까. 아니, 우리는 매일 아침 새롭게 시작할 수 있다.

우리 반 알림장

✏️ 오늘의 문장

첫날의 긴장감을 기억하는 일상도 꽤 괜찮을 것 같습니다.
허투루 살지 않겠지요.
그날의 기분과 태도면 뭐든 해낼 겁니다.

☕ 오늘의 생각

새롭게 시작하는 출발점에 서 있나요?
기분이 어떤가요?
나에게 주는 응원의 한마디를 적어 보세요.

_____

_____

_____

_____

_____

아침 공책, 동글동글해지는 시간

'사각사각'

'쓱쓱싹싹'

'또박또박'

교실에서 들려오는 ASMR 중에 가장 기분 좋은 소리다. 나는 참 행복한 사람이다. 아침마다 이 소리를 들으며 하루를 시작하니 말이다. 아이들도 이 소리를 좋아한다. 아직 잠이 덜 깬 아이도, 가만히 앉아 있기 힘든 아이도, 아침부터 엄마의 잔소리에 기분이 상한 아이도, 이 시간만큼은 조용히 집중한다. 공책을 펼치고 연필의 사각거리는 소리에 맞춰 한 글자 한 글자 써 내려간다. 한 손으로 공책을 꼼꼼히 받치고, 다른 손으로 연필을 꾹꾹 눌러가며 진지하게 적는다. 그 모습이 얼마나 진중하고 아름다운지 모른다.

우리 반의 '행복한 아침 공책'을 소개해 본다.

첫째, 공책을 펼치면 날짜, 날씨, 지금 내 기분을 적는다. 주변을 둘러보고, 내 마음도 들여다보는 시간이다. 둘째, 오늘의 명언을 따라 쓴다. 매일 한 명씩 돌아가며 명언 카드 상자에서 한 장을 뽑는다. 친구들 앞에서 큰 소리로 읽고, 칠판에 또박또박 적는다. 나머지 아이들은 그 문장을 공책에 따라 쓴다. 셋째, 오늘의 감사를 기록한다. 지금 이 순간 떠오르는 감사한 일 두세 개를 생각해 적는다. 넷째, 오늘 읽은 책을 간단히 기록한다. 제목, 지은이, 출판사, 책 속 한 문장 한 줄, 느낀 점을 간단하게 정리한다. 10분의 독서 시간이지만, 읽은 내용을 기록하며 독서를 생활 속 습관으로 만든다. 마지막으로 오늘의 다짐을 기록한다. 오늘 하루 어떻게 생활하고 싶은지 혹은 꼭 해야 할 일, 나에게 보내는 응원 메시지 등을 한 문장으로 적는다.

매일 아침 행복한 아침 공책을 적으며 우리 교실은 점점 동글동글해진다. 온몸이 축 늘어져 잠결에 온 듯한 아이도 연필을 들고 집중하다 보면 어느새 잠에서 깨어난다. 연필을 쥔 손에 힘이 들어가고, 허리도 반듯해진다. 찡그린 얼굴로 왔던 아이도 조금씩 편안해진다.

내가 초등학교 입학했을 때가 떠오른다. 공책에 글씨 쓰는 게 얼마나 좋았던지. 처음 가져보는 공책은 그 자체로 기쁨이었고, 길고 뾰족한 연필도 좋았다. 빳빳한 공책 표지에 내 이름 석 자를 적을 때는 손가락에 힘이 바짝 들어갔다. '나만의 것'이라는 것이 흔하지 않던 시절, 오로지 나만이 쓸 수 있는 공책과 연필이라니! 공책을 넘겨 빈칸들을 바라보면, 맛있는 음식을 앞에 둔 것처럼 그렇게 좋을 수가 없었다. 선생님이 칠판에 글씨를 쓰고, 공책에 한 번만 따라 쓰라고 하면 속으로 생각했다. '두 번 쓰고 싶은데 왜 한 번만 쓰게 하시지?' 공책 칸이 금방 다 채워지는 게 아쉬워 아끼듯 한 글자 한 글자 채워갔다. 공책 한쪽이 다 채워질 때마다 요리조리 들여다보며 뿌듯함과 아쉬움이 교차했던 순간이었다. 내 글씨가 예쁘다는 자랑스러움, 내가 이만큼 했다는 자부심에 어깨가 으쓱 올라갔다. 한 칸 한 칸 채워질 때마다, 그 뿌듯함이란 지금 생각해 봐도 미소가 번진다.

그때나 지금이나 공책과 연필의 힘은 대단하다. 내가 딱 우리 학생들 나이였을 때 공책을 채워 가는 건 나라는 존재가 '무언가 할 수 있는 사람'이라는 걸 확인하는 순간이었다. 내 소유의 공책을 내 노력으로 하나씩 채워 가는 일은 큰 기쁨이었다.

공책과 펜 사랑은 지금도 이어지고 있다. 하얀 백지 공책을 보고 있으면 무엇인가 쓰고 싶어진다. 빈 공책은 나에게 설렘과 희망, 기대와 꿈을 불러일으킨다. 나는 R사 공책을 7년째 쓰고 있다. 이 공책이 좋은 이유는 줄 하나 없는 완전한 백지라는 점이다. 무엇보다 종이 질이 좋아 만년필로 써도 뒷면 비침이 없다. 어떤 펜이든 괜찮고, 어떤 방식으로 공책을 채워도 잘 어울린다. 일기, 성경 필사, 메모, 좋은 문장, 낙서와 그림, 미래의 꿈과 계획까지. 모두 이 공책 한 권에 담긴다. 어린 시절 내 첫 공책을 마주했을 때의 그 두근거림은 오십이 지난 지금도 여전히 이어지고 있다. 내향적인 나에게 공책은 있는 그대로의 나를 담아 주는 고마운 친구다.

나의 이런 공책 사랑이 전해졌는지, 우리 반 아이들도 매일 아침 공책 쓰기를 당연하게 여긴다. 지겨워하거나 불평하지 않는다. 자연스럽게 공책을 펼치고 한 쪽 두 쪽 써 내려간다.

하루하루 공책을 쓰며 아이들은 조금씩 달라지고 있다. 남의 말이나 행동에 휘둘리기보다 스스로 자신의 감정을 살피고 다독일 줄 안다. 명언 필사를 통해 인생의 지혜를 삶 속에 녹여낸다. 그래서인지 우리 반 아이들은 교실에서 욕하거나 짜증 내는 일이 거의 없다. 감사도 잘한다. 요즘처럼 모든 것이 당연하게 여겨지는 시대에, 우리 아이들은 작은 선물 하나에도, 작은 친절에도 "감사합니다"를 참 잘 말한다. 독서도 즐겁게 하고 있다. 이 모든 변화는 아마도 매일 아침 공책을 쓰는 힘에서 비롯된 것이리라.

아이들의 명언 카드에는 이런 말도 있다. '나는 세상을 밝히기 위해 작은 실천부터 하는 사람이다'. 매일 아침 공책 한쪽 쓰는 일이 결코 거창하거나 대단한 일은 아니다. 하지만 이 작고 사소한 실천을 꾸준히 해 나가는 우리 아이들은 언젠가 분명 세상을 밝힐 아이들이다.

하루에 한 쪽씩 써 온 공책은 어느덧 누렇게 손때 묻은 두꺼운 한 권이 되어 가고 있다. 공책만큼이나 아이들의 마음과 일상도 동글동글해지고 있다.

우리 반 알림장

✏️ 오늘의 문장

매일 아침 공책 한 쪽 쓰는 일이 결코 거창하거나 대단한 일은 아닙니다.
하지만 이 작고 사소한 실천을 꾸준히 해 나가는 우리는 언젠가 분명 세상을 밝힐 사람들입니다.

☕ 오늘의 생각

좋아하는 명언이 있나요?
예쁜 글씨체로 나만의 명언 한 문장을 적어보세요.

_____

_____

_____

_____

_____

쉬어도 괜찮아

"선생님, 안녕하세요. 아아~ 함."

주말에 이어 어린이날, 대체휴일까지 이어진 긴 연휴가 끝났다. 교실로 들어서는 아이들의 모습은 제각각이다. 지호는 아침 인사를 건네자마자 하품을 한다. 자리에 앉자 금세 쓰러질 듯한 모습이다. 아침 공책을 쓰는 손에 힘이 하나도 없다. 연필이 손에서 미끄러져 금방이라도 빠질 것 같다. 연휴 동안 푹 쉬지 않았냐고 물으니, 열심히 놀았단다. 게임하고, TV 보고, 늦게 자고, 늦게 일어나고, 또 놀고. 연휴 내내 논 건 맞지만, 과연 제대로 쉰 걸까?

예린이는 여느 때처럼 밝은 목소리로 인사하며 가볍게 교실에 들어섰다. 친구들과 언니들에게도 "안녕! 언니들, 좋은 아침이야!" 듣기만 해도 기분 좋아지는 인사를 건넨다. 가방을 제자리에 걸고, 조용히 의자를 당겨 자리에 앉는다. 책상 서랍에서 아침 공책을 꺼내 오늘 쓸 쪽을 꾹꾹 눌러 펼치고, 잘 깎인 연필 한 자루도 공책과 함께 가지런히 놓는다. 또박또박 힘을 주어 날짜부터 적는 모습이 야무지고 생기 있다. 보는 것만으로도 미소가 지어진다.

예린이에게 연휴 동안 뭘 했는지 물었다. 첫날은 할머니 댁에 다녀오고, 다음 날은 캠핑장에 갔으며, 마지막 날은 집에서 푹 쉬었다고 한다. 엄마가 해 준 떡볶이 먹고, 책 조금 읽다가 일찍 잠들었다고 한다. 예린이는 제대로 된 쉼을 누리고 온 듯하다.

아이도 어른도 잘 쉬어야 한다. 모두 같은 연휴를 보냈지만, 어떤 아이는 피곤한 얼굴로 돌아오고, 어떤 아이는 생기 넘치게 돌아온다. 아마도 '휴식의 질 차이'일 것이다. 무조건 놀게 해 주는 것이 쉼이라고 생각하기 쉽지만, 그저 놀기만 하는 것과 잘 쉬는 것은 다르다. 쉬는 시간 없이 내내 놀거나, 잠까지 줄여가며 게임을 하거나, 매일 친구들과 약속을 잡는 것은 결코 제대로 쉬는 것이 아니다. 충분한 수면, 멍하게 있는 시간, 아무것도 하지 않는 여유도 아이들에게 필요하다.

교실에서 아이들을 보면, 쉬지 못하는 아이들을 자주 만난다. 어떤 아아이는 한 가지 과제를 끝내자마자 "선생님, 저 다 했어요. 그다음에 뭐해요?"를 반복한다. 공부할 때도, 놀 때도 아이들은 빈 시간을 견디기 어려워한다. 가정에서도 학습지, 유튜브, TV, 카톡 등으로 아이들의 뇌는 쉴 틈이 없다. 아무것도 하지 않는 시간에 불안을 느끼고, 무언가 해야 한다는 강박을 갖고 있다.

나는 아이들에게 '빈칸'을 선물하자고 자주 말한다. 약속 없는 빈칸, 할 일 없는 오후의 빈칸, 카톡도 유튜브도 없는 빈칸. 그런 빈칸이 아이들의 몸과 마음을 쉬게 한다. 아이들은 쉬는 법을 잘 모른다. 어른이 길을 안내해 줘야 한다. "아무것도 안 해도 괜찮아. 쉬어도 돼." 이렇게 말해 줄 때가 있다. 아무것도 시키지 않고 함께 멍하니 있는 시간도 필요하다. 과도한 SNS 사용에는 관심을 가지고 적절히 지도해야 한다. 밤 10시 전에 불을 꺼 주고, 규칙적인 수면 습관을 도와야 한다.

우리 반은 40분 수업 후 10분 휴식을 잘 지킨다. 아이들이 먼저 "선생님, 쉬는 시간이에요!"라고 알려 주기도 하고, 내가 먼저 "얘들아, 이제 그만! 10분 쉬었다 하자" 말하기도 한다. 어떤 아이는 "이거 마저 풀고요."라며 청개구리처럼 굴기도 한다. 하지만 우리 반은 문제 풀다가도, 조사를 하다가도 쉬는 시간이면 멈춘다. 아이들은 화장실에 다녀오고 수다도 떨며 쉰다. 잘 쉴 줄 아는 아이가 잘 자란다.

나에게도 쉬는 시간 10분은 소중하다. 초임 때 가장 힘들었던 일 중 하나가 쉬는 시간마다 아이들이 내 자리로 몰려드는 것이었다. 상담이 필요한 경우라면 언제든지 환영이지만, 대부분은 "선생님, 아까 그림 잘 그렸죠?", "이거 좀 봐주세요. 제가 좋아하는 아이돌이에요."처럼 특별한 이유 없이 찾아오는 경우였다. 내 책상은 쉬는 시간마다 작은 놀이터가 되었고, 연필꽂이를 돌려보고, 커피잔 뚜껑을 열어 보는 일도 흔했다. 처음엔 웃으며 받아 주었지만, 점점 몸도 마음도 지쳐갔다. 나에게도 온전한 휴식이 필요했다.

어느 날, 아이들에게 말했다. "얘들아, 선생님도 여러분처럼 10분 쉬는 시간이 필요해. 나도 잠깐 숨 좀 고르고, 물도 마시고 싶어. 선생님이 잘 쉬어야 힘이 나서 너희를 잘 가르칠 수 있겠지?" 아이들은 고개를 끄덕이며 내 말을 이해해 주었다. 몇 번 더 이야기했더니, 아이들은 노력하기 시작했다. 선생님도 쉬어야 한다는 걸 아는 듯, 쉬는 시간에 찾아오는 아이들이 눈에 띄게 줄었다. 어린아이들도 선생님의 솔직한 심정을 나누면 이해하고 공감할 줄 안다. 이후로 학교를 옮길 때마다 나는 늘 말했다. "선생님도 10분의 휴식이 소중해." 지금까지도 그 시간을 꽤 잘 지켜가고 있다.

아이도 어른도 잘 쉬어야 한다. 소크라테스는 말했다. '한가로운 시간은 그 무엇과도 바꿀 수 없는 나의 소중한 재산이다.' 휴식은 지친 몸과 마음에 에너지를 불어넣는 시간이다. 복잡한 생각을 정리하고, 기분 좋은 생각을 담을 공간이 만들어진다. 몸이 아프기 전에, 번아웃 되기 전에 아무것도 하지 않아도 되는 일상의 '빈칸'을 선물하자. 쉬어도 괜찮다.

우리 반 알림장

✏️ 오늘의 문장

몸이 아프기 전에, 번아웃 되기 전에 아무것도 하지 않아도 되는 일상의 빈칸을 선물해요.
쉬어도 괜찮아요.

☕ 오늘의 생각

나의 하루를 돌아보세요.
잘 쉬어 주고 있나요?
나만의 효율적인 쉼은 어떤 모습인가요?

_____

_____

_____

_____

_____

단단하게, 반복의 힘

 지호는 자리에 앉자마자 가방에서 무언가를 꺼냈다. 탁상용 달력이었다. 날짜마다 빨간 동그라미가 쳐진 달력이었다. 하루도 빠짐없이 동그라미가 그려져 있었다. "와! 지호야, 이번 달엔 하루도 빠지지 않고 읽었구나! 대단하다, 정말 대단해!" 나는 아주 크게 양손 엄지를 치켜세워 주었다. 지호 얼굴엔 미소가 번졌고, 어깨는 으쓱 올라갔다.

 지호는 참 사랑스러운 아이다. 형과 누나들은 지호가 이야기할 때면 쏙 빠져든다. 선생님들 역시 지호가 입을 열면 무슨 말을 할지 궁금해 귀를 쫑긋 세운다. 지호는 평소에 잘 쓰지 않는 사투리와 고급스러운 낱말을 섞어 쓰는 독특한 말투를 구사한다. 가령 이런 식이다. "할매가 카던데요, 일단 두 번쯤은 생각해 보고 대답하는 게 살아가는 데 좋다고 했어요." 이렇게 재미나게 말하는 똑똑한 지호는 책 읽는 속도가 다소 느렸다. 그래서 3월부터 매일 큰 소리로 책을 읽는 미션을 주었다. 탁상 달력을 주며, 책을 읽을 때마다 그날 날짜에 동그라미를 치도록 했다. 매달 마지막 날, 달력을 가져오면 선물을 주기로 약속했다. 첫 달엔 5일 빠졌고, 지난달엔 하루 빠졌는데, 이번 달엔 하루도 거르지 않고 동그라미를 채워 왔다. 완전한 미션 성공이다.

지호가 매일 책을 읽었다는 사실은 몰라보게 향상된 읽기 실력이 증명해 준다. 30개의 동그라미로 가득 찬 달력처럼, 지호의 성실함은 읽기 능력을 단단하게 만들어 주었다. 나는 그 달력을 보고 또 보았다. "지호야, 진짜 자랑스럽다. 정말 잘했어!"

교실 게시판에 요즘 찍은 사진들을 하나하나 붙이다 보니 유독 민서가 눈에 띄었다. 사진마다 환하게 웃고 있다. 손가락 하트를 하고, 두 팔을 들어 활짝 웃는다. 마치 민서의 웃음소리가 교실 안에 퍼지는 듯했다. 3월 초만 해도 민서는 좀처럼 웃지 않는 아이였다. 사진 한 장 찍으려면 "민서야, 조금만 웃어 보자. 고개도 들고." 꼭 한마디 해야 했다. 표정이 자주 굳어 있어서 아이들이 "화났어?"하고 묻는 일도 있었다. 가끔은 별일 아닌 일에도 "싫어요. 안 해요. 왜 해요?"라고 말해 당황스러울 때도 있었다. 친구들 사이에서 '차가운 민서'로 불리기도 했다.

그런 민서가 이제는 사진마다 표정이 다양하다. 가만히 생각해 보니,

수업 시간에도 꽤 달라졌다. 민서의 "싫어요."라는 말은 들은 지 오래됐고, 나와도 눈을 잘 마주친다. 무언가 하자고 하면 잘 따라온다. 친구들과 놀 때도 별것 아닌 일에 잘 웃는다. 전엔 듣기 어려웠던 "감사합니다. 고마워." 같은 말도 자주 한다.

나는 민서에게 물어보았다. "민서야, 너 요즘 잘 웃는다. 말도 너무 예쁘고! 좋은 일들이 많이 생기나 보다." 그러자 민서는 툭 내뱉듯 말했다. "선생님, 저 매일 아침 공책에 감사한 것 세 가지 적고 있잖아요!" "엥?" 처음엔 동문서답인 줄 알았다. 곰곰이 생각하니, 여러 가지 좋은 변화 속에서 매일 아침 써 내려가는 감사 기록도 한몫했을 것 같다. 꾸준히 이어진 감사 기록이 민서의 일상에 스며들었나 보다. 매일 아침의 아주 작은 습관이 민서를 조금 더 밝고 행복한 아이로 만들어 준 거다.

민서뿐일까. 서연이도 달라졌다. 서연이는 모범생 그 자체다. 숙제도 빠짐없이 해오고, 수업 시간에도 집중 잘하고, 언니 동생들과도 잘 지낸다. 흠잡을 데 없는 아이다. 그런 서연이에게 아쉬운 점이 있다면, 부끄러움이 많다는 것이다. 시키는 일은 잘하지만, 자신을 표현하는 일에는 서툴렀다.

그런 서연이가 요즘은 교육청에서 주관하는 '학교폭력 예방 댄스 챌린지'에 참여한다고 매일 연습 중이다. 언니 오빠까지 끌어들여 가르치며 함께 연습했다. 혼자 조용히 하는 일만 잘할 줄 알았던 서연이가 달라졌다. 자원해서 댄스 공연에 나설 줄은 몰랐다.

　방과 후 수업으로 방송 댄스를 배우면서 서연이는 몰라보게 달라졌다. 부끄러움 많던 아이가 "춤추는 초등 교사가 되고 싶어요."라고 자주 말한다. 방송 댄스 시간엔 누구보다 열심히 참여했고, 점심시간에도 아이들과 연습했다. 학급 재능발표회 때는 용기 내어 혼자 댄스 공연을 하기도 했다. 작은 용기의 반복이 서연이를 우리 학교의 자랑스러운 '댄싱 퀸'으로 만들었다. 이제는 부끄러워 숨어 있는 아이가 아니라, 댄스 공연이든 챌린지든 당당히 도전하는 아이다. 댄스 수업을 통해 서연이의 숨겨진 끼와 재능이 점점 빛나고 있다. 좋아하는 댄스를 꾸준히 연습하며 서연이는 꿈을 향해 용기 있게 나아가는 중이다. 공모전에 출품한 학교폭력 예방 댄스 챌린지의 결과도 기대된다.

　모든 위대한 결과는 아주 작은 것에서 시작된다. 교실 창가에 놓인 강낭콩 화분에 싹이 났다. 손톱보다 작은 콩을 심었는데, 잎은 네 장이나 나고 키도 벌써 12cm나 자랐다. 작년엔 강낭콩 하나에서 스무 개의 꼬투리가 열렸고, 꼬투리 하나엔 세 개에서 다섯 개의 콩이 들어 있었다. 콩하나가 40~50배의 결실을 맺었다. 작은 강낭콩 씨앗이 흙 속에서 매일 몸부림쳤을 것이다. 올해는 얼마나 더 자라고 많은 열매를 맺을지 자꾸

만 들여다보게 된다.

　아이들도 자연의 이치와 닮아 있다. 매일 큰 소리로 책을 읽는 습관이 지호를 '잘 읽는 사람'으로 만들어 가고 있다. 아침마다 감사 한 줄 기록하는 작은 습관이 민서를 '잘 웃는 아이'가 되게 한다. 서연이는 좋아하는 춤을 매일 연습하며, 꿈을 향해 도전하는 '용기 있는 사람'으로 자라고 있다.
　지호의 책 읽기, 민서의 감사 기록, 서연이의 댄스 연습, 그리고 강낭콩의 꿈틀거림. 모두 작고 사소한 일이다. 하지만 우리의 삶을 변화시키는 것은 단 한 번의 화려한 시도가 아니다. 작고 평범하지만 끈기 있는 '매일의 반복'이 우리를 변화시킨다. 반복된 좋은 습관이 아이들을 내일의 단단한 어른으로 자라게 할 것이다.
　탁월함을 향한 여정에서 중요한 것은 매일 내딛는 한 걸음이다. 진심 담아, 포기하지 않는 마음으로 오늘도 한 걸음 내딛는 아이들에게 박수를 보낸다.

우리 반 알림장

✏️ 오늘의 문장

탁월함을 향한 여정에서 중요한 것은 매일 내딛는 한 걸음입니다.

☕ 오늘의 생각

나를 조금 더 멋지게 만들어 주는 좋은 습관을 떠올려 보세요.
어떻게 하면 매일 실천할 수 있을까요?
여러분의 꿀팁을 적어 보세요.

_____

_____

_____

_____

_____

_____

느리지만 확실하게, 기초 연습

　5월인데 비가 억수같이 쏟아졌다. 비가 와서 연습을 못 할 줄 알았는데, 강당 쪽에서 아이들 소리가 빗소리를 뚫고 웅웅 울려왔다. 비 오는 날도 열정은 멈추지 않았다. 지역 체전을 앞두고 점심시간마다 연습을 이어 가는 중이다. 오늘도 예외는 아니었다. 강당에는 어느새 간이 연습장이 꾸려졌다. 한쪽엔 파란 매트를 두 겹으로 길게 깔고, 구름판도 설치했다. 아이들은 강당 끝에서 전력 질주로 달려왔다. 구름판을 힘껏 밟고 온몸을 날렸다. 매트의 반도 못 넘는 지호, 매트 한 개를 훌쩍 넘는 서준이, 스텝이 꼬여 구름판을 밟지도 못하고 돌아가는 지민이. 체육 선생님은 매트가 밀릴 때마다 바로잡느라 분주했다. 손 선생님은 매트가 정리된 걸 확인한 후에 한 명씩 출발시켰다.

도움닫기 멀리뛰기는 무작정 달리는 게 아니다. 도움닫기, 구름, 공중 동작, 착지까지 흐름을 익혀야 한다. 처음엔 천천히, 점점 속도를 올리며 리듬을 맞추는 게 중요하다. 마지막 보에서 발을 힘껏 내디디고 지면을 강하게 차며 점프해야 한다. 팔을 앞뒤로 크게 흔들어 도약을 돕고, 공중에선 무릎을 들어 몸을 작게 만들어야 더 멀리 갈 수 있다. 착지할 땐 두 발을 동시에 내딛고 손을 앞으로 뻗어 중심을 잡는다. 멀리 뛰는 것보다 중요한 건, 바른 자세로 안전하게 연습하는 것이다.

  선생님들은 열심히 연습하는 아이들에게 "잘한다!", "최고다!", "아까보다 훨씬 나아졌어!" 하고 힘껏 격려했다. 나도 아이들이 부딪히지 않도록 중간에서 교통정리를 하며 큰 소리로 외쳤다. "지민아, 잘하고 있어! 어제보다 발전했어!" 강당 반대편에서는 하은이와 도윤이가 포환던지기 연습 중이다. 정 선생님이 동작 하나하나를 지도하고 계신다. 운동장에서 매일 연습했지만, 올바른 자세를 잡는 건 여전히 어렵다.
  포환은 손바닥 위에 올리고 손목은 뒤로 젖힌다. 포환을 턱 옆에 붙이고, 팔꿈치는 어깨높이에 둔다. 같은 쪽 다리는 뒤로 살짝 빼 준비하고, 반대쪽 발을 향해 몸을 돌리며 팔을 펴 포환을 밀어낸다. 손목 스냅을 활용해 튕기듯 밀어야 한다. 포환은 턱 옆에서 얼굴 앞쪽으로 나가야 한다. 아이들은 몸에 익숙해질 때까지 같은 동작을 반복했다. 하은이와 도윤이는 묵묵히 다시 또다시 연습했다.

　멀리뛰기든 포환던지기든 먼저 바른 자세와 기초를 익히는 게 중요하다. 지루한 반복의 연속이지만 익숙해지고 능숙해지기까지는 매일의 반복만큼 확실한 방법도 없다.

　리코더를 처음 배웠던 기억이 떠오른다. 언니들이 〈할아버지 시계〉를 연주하는 모습이 어찌나 멋져 보이던지, 나도 빨리 연주하고 싶었다. 언니들 흉내를 내며 구멍을 대충 막고, 소리를 내보려 바람을 불었다가 꺼냈다가 애를 썼지만, 제대로 된 소리는 나지 않았다.

　드디어 학교에서 리코더를 배우게 되었다. 악기 손질하고 다루고 보관하는 방법부터 배웠다. 손가락 번호를 익혀 구멍 하나하나를 천천히 막으며 '도레미파솔라시도'를 연습했다. 제대로 된 음이 나왔을 때 얼마나 기뻤던지. 미레도레 미미미 레레레 미미미. 〈비행기〉를 반복해 연습했고, 친구들이 내 리코더 소리에 맞춰 노래 부를 때의 뿌듯함은 아직도 잊을 수 없다. 구멍 막는 법, 텅잉, 연주 후 악기 관리까지 하나하나 배웠다. 기초를 잘 다졌기에 〈할아버지 시계〉는 물론, 어버이날에는 〈어머님의 은혜〉를 연주해 드렸고, 언니들과 〈가을 길〉 이중주까지 자신 있게 해낼 수 있었다. 연주가 잘 되니, 리코더는 너무나 재미있는 악기가 되었다. 집에 혼자 있을 때도, 친구들과 놀 때도 리코더만 들고 다녔다. 밤이면 "귀신 나온다, 그만 좀 불어라!" 하시던 엄마 목소리가 아직도 귀에 들리는 듯하다.

3학년 이상 아이들은 매년 한 번 있는 지역 체전에 학교 대표로 출전할 수 있다. 대표 선수가 되어 대회에 참여 하는 경험은 흔치 않다. 넓은 무대로 나가 또래 친구들을 만나는 설레는 시간이다. 뿐만 아니라 다양한 육상 종목의 바른 자세와 기초를 익힐 수 있는 기회다. 실제 경기라는 무대는 아이들을 진지하게 만든다.

이번 체전을 준비하며 단거리와 장거리 달리기, 높이뛰기, 멀리뛰기, 포환던지기를 모두 경험할 수 있었다. 아이들은 자신의 숨은 재능을 발견하는 시간을 가졌다. 서준이는 작년부터 멀리뛰기에서 두각을 나타내고 있다. 자세도 좋아지고 실력도 나날이 향상되고 있다. 무엇보다, 재미있어한다. 모래사장에서 놀 때도 멀리뛰기를 한다. 힘차게 달려와 멀리 뛸 때 날아가는 것 같아 기분이 좋단다. 하은이는 3년째 포환던지기 선수다. 이제는 동생들의 자세까지 잘 챙긴다. 포환던지기 보조 코치다. 체전 덕분에 다양한 육상 종목을 경험하고, 아이들 스스로 재능을 발견하고 있어 감사하다.

아이들은 체전을 준비하며 기본자세와 꾸준한 연습의 중요성을 몸으로 익히고 있다. 서연이는 처음 높이 뛰기를 시작할 때 50cm도 넘지 못했다. 바 자체를 무서워할 정도였다. 그런데 지금은 1m도 거뜬히 넘는다. 올해는 서연이 덕분에 높이뛰기에서 우리 학교가 상을 받을 것 같다. 하은이는 처음 포환을 던졌을 때, 발 앞에 떨어졌다고 했다. 지금 실력을 보면 믿기지 않는다. 서연이와 하은이는 알고 있다. 기본의 중요성을, 연습의 마법을.

  체전을 준비하며 아이들은 또 한 번 자랐다. 기본이 잘 갖춰지면 쉽게 무너지지 않는다. 반복하고 연습하면 실력이 쌓인다. 훗날 인생의 힘든 시기를 지날 때, 아이들이 이 시간을 기억했으면 좋겠다. 느리더라도 기본부터 탄탄하게, 연습은 성실하게! 기본이 단단한 인생은 흔들려도 무너지지 않는다.

우리 반 알림장

✏️ **오늘의 문장**

기본이 단단한 인생은 흔들려도 무너지지 않습니다.

☕ **오늘의 생각**

내가 가장 많이 성장했던 시기를 떠올려 보세요.
언제인가요? 그 시기에 나는 무엇을 배웠나요?

_____

_____

_____

_____

_____

_____

1교시 교실, 모두가 피어납니다

{ 애들아, 운동장 가자! }

우리 학교는 사방이 산으로 둘러싸여 있다. 교실 창을 통해 어디를 보아도 푸르른 산이다. 교사용 책상에서 오른쪽 창을 보면 유천강이 유유히 흐르고, 강 건너편에는 굽이굽이 이어진 산이 펼쳐진다. 왼쪽으로 고개 돌리면 깎아지른 듯한 높은 산이 학교를 내려다보고 있다. 산으로 둘러싸인 학교 한가운데에는 크고 넓은 운동장이 있다. 96년의 학교 역사가 느껴지는 우람한 히말라야 시다 두 그루가 운동장 한쪽 가장자리를 지킨다. 오랜 시간의 겹겹이 쌓인 기억들이 스며 있는 운동장이다.

아이들과 선생님은 이 운동장을 무척 좋아한다. 이곳으로 처음 발령받았을 때 깜짝 놀란 장면이 있다. 3월 말쯤, 봄비 내리던 날이었다. 체감 온도는 초봄치고는 따뜻했지만, 그래도 비 오는 날이었다. 급식을 마친 아이들이 운동장에서 놀아도 되는지 물었다. "비 오는데?" 하고 의아해하자, 아이들은 아무렇지 않은 듯 말했다. "맨발 걷기 하며 놀고 싶어요." 이곳 아이들에게 비 오는 날은 맨발로 운동장에서 노는 것이 당연한 것처럼 보였다.

도시 근무 시절엔 상상도 못 한 광경이었다. 보슬비 내리는 운동장으로 아이들과 함께 나갔다. 현관 옆 수돗가에 운동화를 가지런히 벗어두고, 벗은 양말은 운동화 안에 한 짝씩 끼워 넣었다. 우산을 펼치고 곧장 운동장으로 달려갔다. 우산을 쓰는 둥 마는 둥, 아이들은 운동장에 하나 둘 발자국을 남겼다.

나도 아이들 따라 맨발로 운동장에 나섰다. 폭닥폭닥. 부드러운 스펀지를 밟는 듯한 촉감이 발바닥을 통해 온몸으로 전해졌다. "선생님, 이쪽으로 와 보세요. 여기 걸으면 정말 기분이 좋아요." 아이들이 손잡아 나를 이끌었다. 비 오는 날 맨발 걷기의 시작이었다. 이후로 비 오는 날이면 자주 운동장으로 나갔다. 아이들은 비를 머금어 말랑말랑해진 흙의 기운을 온몸으로 느끼며 걷는 걸 좋아했다. 운동장을 도화지 삼아 나뭇가지를 붓 삼아 친구도 그리고 가족도 그렸다. 그 옆에 큼직하게 쓴 '사랑해', 그리고 더 크게 그린 하트는 비 오는 날의 운동장을 더욱 몽글몽글하게 만들었다. 그 기억은 지금도 마음 깊이 남아 있다.

어느 날은 전교생이 힘을 모아 마을 지도를 그렸다. 여기는 유호출장소, 여기는 우체국, 여기는 버스정류장, 식당, 이호우 시인 생가, 하은 언니 집. 운동장 반을 채운 대형 마을 지도 속에서 아이들은 신이 났다. "우체국 다녀오겠습니다!" 신나게 달려가는 아이, "버스 타러 가자!" 우르르 몰려가는 아이들, "하은 언니 집에 놀러 가자!" 외치며 뛰어가는 아이들. 운동장은 아이들의 상상과 놀이가 자유롭게 펼쳐지는 공간이었다.

비 오는 날 뿐만이 아니다. 요즘은 체전을 앞두고 체육 선생님의 지도 하에, 운동장은 연습의 열기로 가득하다. 단거리 달리기, 장거리 달리기, 포환던지기, 멀리뛰기, 높이뛰기. 땀 흘리며 연습하는 아이들의 모습이 운동장을 빛나게 한다.

운동장에 나가 활동하다 보면, 시시각각 변하는 자연의 모습을 관찰할 수 있다. 겨우내 숨죽였던 화단의 꽃들과 운동장을 둘러싼 나무들이 생기를 되찾는 3월은 그야말로 볼거리 천국이다. 가장 먼저 연한 버드나무 잎들이 초록 초록 돋아나기 시작하고, 곧 목련의 새하얀 꽃봉오리가 터진다. 유치원 앞 수선화 무리는 노랗게 줄지어 피어나 바람에 흔들릴 때마다 방긋방긋 손을 흔드는 것 같다. 할미꽃도 솜털에 가려진 보랏빛 꽃잎을 조심스레 내민다. 꽃잔디도 하나둘 고개를 든다. 운동장에는 매일 새로운 생명이 깨어난다.

아이들과 운동장을 거닐며 작은 생명을 가까이서 마주하는 시간은 경이롭다. 고개를 들어 흐드러진 버드나무 잎에 코를 갖다 대고 손으로 살짝 비벼 보기도 한다. 보들보들, 까슬까슬, 몰랑몰랑, 사드락포드락. 아이들마다 표현이 다 다르다. 겉은 자줏빛이지만 속은 백옥처럼 하얀 목련을 들여다보며, 꽃잎이 상할까 봐 만지지 못하겠다는 아이도 있다. 허리를 굽히고 머리를 숙여 할미꽃을 요리조리 살펴보며, 솜털이 아기 솜털처럼 귀엽다고 말한다. 할미꽃이 이렇게 예쁜 줄 몰랐다고도 한다. 바람에 흔들리는 수선화 무리는 같이 놀자고 손짓하는 듯하다. 운동장을 느리게 걷다 보면 작은 생명의 큰 몸짓이 보이기 시작한다.

나는 가능하면 자주 아이들을 운동장으로 데리고 나가려고 한다. 좁은 교실 안, 교과서나 전자칠판으로는 볼 수 없는 더 넓고 섬세한 세계가 운동장에 있다. 아이들은 직접 보고, 듣고, 냄새 맡고, 만지며 배운다. 살아 있는 자연을 통해 생명의 소중함을 몸으로 느낀다. 자연과의 공존이 시대적 사명이 된 지금, 아이들이 가까이 있는 자연을 진심으로 만나는 일은 그 자체로 깊은 배움이다.

나는 아이들이 운동장에 한 번 더 나올수록 여러모로 성장한다고 믿는다.

첫째, 운동장은 아이들의 신체 발달을 돕는다. 아이들은 흙을 밟고 뛰어놀며 건강하게 성장한다.

둘째, 자연과 접촉한 아이들은 스트레스를 줄이고 정서적 안정을 얻는다. 불안과 긴장, 우울감이 줄어든다.

셋째, 아이들은 운동장에서 상상력을 마음껏 발휘한다. 자유로운 놀이와 탐험은 창의력을 자극한다.

넷째, 자연과 교감하는 과정에서 환경에 대한 이해와 관심이 자란다. 환경 보호의 중요성이 자연스럽게 체화된다.

다섯째, 운동장 수업은 여럿이 함께하는 활동이 많아 사회성, 의사소통 능력이 발달한다.

내일도 아이들과 함께 운동장으로 나갈 기회를 엿본다. 기분 좋은 바람이 분다면, 쉬는 시간이라도 잠깐 나가 온몸으로 바람을 맞을 것이다. 따뜻한 햇살 아래 놀이터에서 그네 한판 타고 나면, 문제도 술술 풀릴지 모른다. 아이들은 운동장에서 뛰놀며 건강하게 자라난다. "얘들아, 운동장 가자!"

우리 반 알림장

✏️ 오늘의 문장

운동장을 느리게 걷다 보면 작은 생명의 큰 몸짓이 보이기 시작합니다.

☕ 오늘의 생각

기억에 남는 운동장에서의 추억을 떠올려 보세요.
기분이 어떠했나요?
언제 누구와 무엇을 했나요?

_____

_____

_____

_____

_____

_____

2교시

경험,
세상을 배워 갑니다

아이들은 배움을 통해 성장해 갑니다.
겸손하게 배우는 인생은
실수와 실패의 때에도 한 걸음 성장합니다.

엄마와 함께 도마 만들기

　은은하게 퍼지는 달콤한 과일 향이 강당을 가득 채웠다. 복숭아와 체리가 어우러진 향이었다. 기분까지 상쾌했다. 도마를 다듬는 손길들이 분주했다. 그 모습이 향기로운 도마 냄새와 어우러져 아름다워 보였다. 학교 설명회의 마지막 프로그램, '부모님과 함께하는 도마 만들기'가 한창 진행 중이었다.

　우리 학교 설명회는 다른 학교보다 늦은 4월 중순에 열린다. 대부분 미나리 농사를 짓는 학부모님들의 사정을 고려해 정한 일정이다. 몇 주 전부터 선생님들은 행사 준비로 분주했다. 공개수업을 고심하며 준비했고, 수업 활동을 몇 차례 수정했다. 환경 게시판도 꼼꼼히 살폈다. 혹시 빠진 작품은 없는지, 아이들의 결과물이 돋보이는지 확인했다. 아이들과 함께 책상 주변, 사물함, 교실 구석구석 평소보다 더 정성스럽게 청소했다. 집에 손님을 초대하듯, 교실로 오시는 부모님들을 환대할 생각에 아이들과 나는 마음을 다했다.

9시 30분이 지나자 조용하던 복도가 발자국 소리와 웅성거림으로 생기가 돌았다. 아이들은 "우리 엄마다!", "내 동생 목소리다!" 하며 반가움과 설렘에 들떴다. 학교 안에 형제자매가 많은 탓에, 부모님들은 이 반 저 반을 오가며 바쁘게 움직이셨다. 아이들은 언제 우리 반에 부모님이 오실까 기대에 찬 눈빛으로 자주 뒤를 돌아보았다.

9시 40분, 공개수업이 시작됐다. 나는 4학년 수학 2단원 '억 단위까지의 큰 수'에 대하여 놀이 활동으로 수업을 구성했다. 교실은 열기로 가득했다. 아버님은 오늘만큼은 하던 일 잠시 내려놓고, 아이들 공부하는 모습 보기 위해 오셨다. 어머님은 동생 교실과 우리 반을 오가며 골고루 사랑과 관심의 눈길을 보내주셨다. 아장아장 걷는 동생은 교실 여기저기 기웃거리며 돌아다녔다. 엄마에게 달려가고 싶은 마음 누르고, 동생 안아 주고 싶은 마음 꾹 참고 수업에 집중하는 아이들이 대견했다.

3학년은 과학 선생님과 함께 과학실에서 수업을 했다. 직접 보지는 못했지만, 지호가 얼마나 똑 부러지게 질문할지, 예린이가 자신감 있게 대답할지 눈앞에 그려졌다. 공개수업 날 아이들은 더 사랑스럽다. 집중도 잘하고 발표도 잘한다. 나 역시 신나는 날이다. 뒤에서 지켜보는 부모님의 시선이 부담스럽기도 하지만 괜찮다. 사실 부모님의 시선은 언제나 아이들의 일거수일투족을 향해 있다. 아이들의 모습을 사진으로 담는데 미소가 가득했다.

공개수업을 지켜보며 부모님들은 가정에서와 또 다른, 의젓하고 듬직한 아이들의 모습을 교실에서 만난다. 아이들이 주도해 만들어 가는 수업, 아이들의 작품으로 꾸민 게시판, 일상이 깃든 교실에 머물며 부모님들은 감동을 받으셨을 것이다. 평소에도 잘하고 있는 아이들인데, 오늘은 더욱 빛나는 모습을 보여 주었다.

공개수업은 눈 깜짝할 새에 끝이 났다. 부모님들은 학교 설명회 장소로 이동했다. 설명회가 끝난 뒤에는 자녀와 함께하는 도마 만들기 체험이 이어졌다. 강당은 체험장으로 변신해 있었다. 가정별로 넓은 탁자가 마련되었고, 자녀와 부모님이 마주 앉았다. 전문 강사의 안내에 따라 다양한 도마의 종류와 만드는 과정을 자세히 배웠다.

장갑과 마스크를 착용하고, 똑같은 앞치마를 입은 가족들의 모습이 정겨웠다. 반제품 도마를 가족이 함께 다듬어 완성하는 시간이었다. 도마를 다듬기 위해 사포를 사용해 여러 단계를 거쳐야 했다. 사포는 숫자가 작을수록 거칠고, 클수록 고운 사포라고 한다. 먼저 120호 사포로 도마의 앞뒤와 옆면을 문질렀다. 유치원생들도 고사리손으로 사포를 꼭 쥐고 도마를 부지런히 문질렀다. 아버님이 옆에서 거들었고, 어머님도 아이처럼 신나게 작업에 몰두하셨다.

120호 사포로 5~10분을 문지른 뒤, 220호 사포로 또 5~10분 문지른다. 부모님이 곁에 있어 든든해서인지, 아이들은 힘든 줄도 모르고 열심히 사포질을 했다. 이어서 320호 사포로 문지르면 도마의 표면이 더욱 매끄러워진다. 손에 닿는 감촉이 한결 부드럽고 따뜻해졌다. 이후 물에 적신 스펀지로 도마 전체를 닦고, 물이 마를 때까지 약 10분간 기다린다. 다시 320호, 마지막으로 400호 사포로 문질러 마무리한다. 마지막 단계는 꼼꼼하게 오일을 발라 주는 일이다.

반복된 사포질과 기다림의 과정을 거쳐 매끈한 도마가 만들어졌다. 그 사이 가족들의 관계도 매끈해졌다. 모든 가정이 긴 과정 끝에 도마를 완성했다. 아이들은 깜찍한 미니 도마를, 부모님은 생활에 유용한 도마를 만들었다. 온 가족이 함께했기에 더욱 재미있고 의미 있는 시간이었다. 거칠었던 도마가 가족의 손길을 거쳐 부드럽고 멋진 도마가 되었다. 아이들 마음에도 부모님과 함께한 소중한 추억 하나가 새겨졌다. 부모님들도 아이들과 온전히 함께한 하루를 오래 기억하실 것이다. 시간이 지나 도마에서 은은하게 퍼지는 과일 향을 맡을 때마다, 오늘의 따뜻했던 기억이 되살아날 것이다.

학부모 초청 학교 설명회는 교사, 학생, 학부모가 함께 만들어 낸 연대와 신뢰의 시간이었다. 준비하는 일도 진행하는 과정도 쉽지 않았지만, 교사들에게는 뿌듯함이 남았다. 아이들에게는 '나는 소중한 존재이고, 사랑받는 존재'라는 감정을 느끼게 한 날이었다. 가족 사랑이 한층 짙어진 하루였다.

거칠었던 도마가 가족의 따뜻한 손길을 거쳐 부드럽게 다듬어졌듯, 우리 아이들도 한결같은 사랑과 보살핌 속에서 건강하게 자라나고 있다. 부모님의 따뜻한 사랑과 관심, 선생님의 다정한 가르침이 있는 곳에서 아이들은 언제나 행복하다. 우리 반 아이들이 오늘처럼 늘 행복했으면 좋겠다.

우리 반 알림장

✏️ **오늘의 문장**

부모님의 따뜻한 사랑과 관심, 선생님의 다정한 가르침이 있는 곳에서 아이들은 언제나 행복합니다.

☕ **오늘의 생각**

가족과 함께 한 추억을 떠올려 보세요.
미소 짓게 하는 한 장면은 어떤 모습인가요?

_____

_____

_____

_____

_____

_____

_____

2교시 경험, 세상을 배워 갑니다

레일바이크 타고 세상 밖으로

야호! 현장 체험학습일이다. 며칠 전부터 아이들은 "오리배 타는 거 맞죠?", "레일바이크도 타요?", "루지 무섭지 않아요?" 묻고 또 물었다. 전교생이 17명인 우리 학교는 그야말로 '가족' 같다. 노란 스쿨버스에 한 명씩 올라타는 모습은 마치 가족 여행을 떠나는 풍경 같다. 정해진 자리에 앉아 안전벨트를 맸다. 언니들은 동생들의 벨트까지 챙겨준다. 선생님들 못지않게 동생들을 살뜰히 돌보는 6학년을 보면, 정말 아이들의 '큰언니' 같다.

청도 레일바이크 체험장은 학교에서 멀지 않다. 매년 찾는 곳이지만, 아이들에게는 언제나 설레는 장소다. 이번엔 레일바이크뿐만 아니라 미니 기차와 오리배 체험까지 한다. 레일바이크는 네 명씩 조를 이뤄 탔다.

교사와 아이들을 골고루 섞어 조를 짰다. 1학년 아이들은 페달에 발이 닿지 않았지만, 민준이는 핸들을 꼭 잡고 온몸을 흔들며 누나들의 구령에 맞춰 페달 밟는 시늉을 했다. 내리막길을 달릴 때면, 시원한 바람에 땀도 식히고, 눈 앞에 펼쳐진 유천강 풍경에 저절로 "야호!" 소리가 났다. 모두 힘을 모아 1.2km의 레일을 씩씩하게 달려 반환점을 돌았다.

몇십 년 전, 실제 기차가 다니던 길이 이제는 아이들의 웃음과 추억을 싣고 달리는 체험학습장이 되었다. 방치됐던 공간이 새로운 생명을 얻은 것이다. 생각을 바꾸면, 버려질 뻔한 곳도 사랑받는 장소로 바뀔 수 있다. 우리 아이들도 긍정적이고 창의적인 생각으로 세상을 따뜻하게 바꾸는 사람으로 자라났으면 좋겠다.

레일바이크를 탄 뒤에는 미니 기차를 탔다. 주변을 한 바퀴 도는 짧은 코스였지만, 번쩍이는 조명이 인상적인 터널을 지나고 풍차 마을도 구경했다. 아이들은 사진 찍어달라고 여기저기서 브이자 포즈를 취했다. 기차 탈 때 서로 양보하고, 내릴 때 손을 잡아 주는 모습은 참 보기 좋았다.

다음은 아이들이 기대하던 '오리배 체험'! 노란 오리배가 줄지어 우리를 기다리고 있었다. 구명조끼를 입고, 안전벨트를 매고, 네 명씩 조를 이뤄 탑승했다. 가끔 지나가며 보기만 했던 오리배에 직접 타게 되자 아이들은 들떴다. 출렁이는 물결 따라 오리배가 흔들릴 때마다 "꺄악!", 비명과 함께 엉덩이가 들썩였다. 무섭다고 말하는 아이에게 "괜찮아, 내가 꼭 잡아 줄게!" 하며 손을 내미는 친구도 있었다. 10분만 타기로 했던 오리배를 무려 30분이나 연장해서 탔다. 어느새 아이들은 물살 위를 가르는 오리배에 몸을 맡기고 한껏 즐기고 있었다. 시작은 늘 두렵지만, 한 걸음 내디뎌보면 안다. 도전이 얼마나 가슴 뛰는 일인지.

오리배를 뒤로하고 우리는 '곰파크'로 향했다. 리프트와 루지를 탈 수 있는 곳이다. 산등성이를 따라 리프트가 설치되어 있고, 산 아랫마을과 굽이진 산줄기가 발아래로 펼쳐졌다.

처음 리프트를 타본 성훈이는 발이 허공에 뜨자 얼굴 표정이 얼음처럼 굳었다. 옆자리에 앉은 동생이 "형아, 이건 하늘 자전거야"라고 말해 줘서인지, 성훈이의 긴장이 조금 풀렸다. 나도 성훈이의 손을 꼭 잡아 주었다. 리프트를 타고 보이는 풍경은 아름다웠다. 청도에 이렇게 멋진 리프트 타는 곳이 있을 줄은 몰랐다. 성훈이는 어느새 고개를 들고 동생들과 수다를 떨고 있었다.

리프트가 끝나자 곧바로 루지 체험이 이어졌다. 루지는 나도 처음이다. 운행 전, 조작법과 속도 조절, 브레이크 사용법, 안전 수칙을 들었다. 높은 곳에서 내려오는 체험인 만큼 설명 하나하나 집중해서 들어야 했다. 저학년은 교사와 함께 탑승했다. 루지는 생각보다 섬세한 조작이 필요했다. 속도 조절도 잘해야 했고, 방향도 잘 잡아야 했다. 긴장하며 조심조심 내려가고 있는데, 같이 탄 민호가 외쳤다. "선생님, 더 빨리 가요! 더 빨리요!" 옆을 보니, 아이들이 나를 추월해 가고 있었다. 브레이크도 능숙하게 조절하고, 앞 루지와의 거리도 적당히 유지하며 자유롭게 달리고 있었다. 아이들은 때때로 어른보다 낫다. 귀담아듣고 정확히 해내는 아이들이 대견했다. 어른도 아이에게서 배운다.

    오전 내내 산과 들, 강을 누빈 아이들은 점심도 맛있게 먹었다. 편식하던 준서조차 한 그릇 뚝딱 비웠다. 체험학습 후 먹는 밥은 언제나 꿀맛이다.
    오후엔 청도박물관과 청도 읍성을 둘러보고, 옛 관청인 객사 앞에서 단체 사진도 찍었다. "청도에 이런 곳이 있는 줄 몰랐어요." 아이들은 하루 만에 자기가 사는 지역에 대한 자부심이 부쩍 자란 듯했다. 꽉 채운 일정을 마치고, 스쿨버스에서 웃으며 내리는 아이들 모습을 바라보니 오늘도 무사히 잘 다녀와서 감사했다.

    아이들은 교실 밖 세상에 호기심이 많다. 교과서로만 보았던 장소, TV로만 접하던 세상을 직접 경험하는 것만큼 신나는 일은 없다. 하지만 안전 문제가 언제나 쟁점이 되고 있는 현실에서 현장 체험학습을 편안한 마음으로 진행하는 건 쉽지 않다. 신중하게 계획하고 꼼꼼하게 따져 추

진해야 한다. 담임의 입장에서 한 학급 스물네 명의 아이들을 데리고 현장 체험학습 가는 것을 두려워하는 친구를 나는 충분히 이해할 수 있다.

　체험 장소에 대한 사전 조사, 안전교육, 보조 인력 확보가 뒷받침돼야 한다. 그리고 교사에게 과도하게 책임을 지우는 분위기도 개선되어야 한다.

　나는 바란다. 오늘처럼 아이들이 안전하고 즐겁게 체험할 수 있기를. 언제 어디로든 걱정 없이 교실 밖 세상을 친구들과 함께 경험할 수 있는 날이 많아지기를. 교사들이 부담보다 설렘으로 계획하고 진행할 수 있는 분위기가 마련되기를. 호기심 가득한 아이들이 마음껏 세상을 체험할 수 있는 안전한 교육 환경이 갖춰지기를 간절히 기도한다.

우리 반 알림장

✏️ 오늘의 문장

호기심 가득한 아이들이 마음껏 세상을 체험할 수 있는 안전한 교육 환경이 갖춰지기를 간절히 기도합니다.

☕ 오늘의 생각

기억에 남는 현장체험학습(소풍)의 추억을 떠올려 보세요.
기분이 어떠했나요?
언제 누구와 어디서 무엇을 했나요?

_____

_____

_____

_____

_____

_____

손톱 위 예술, 미래를 그리다

"와! 네일아트 한다!"

며칠 전부터 아이들이 손꼽아 기다리던 날이다. 진로 체험학습으로 네일아트를 했다. 엄마가 하는 걸 옆에서 본 아이도 있고, TV 속 장면을 기억하는 아이도 있지만, 직접 해 보는 건 처음이다. 조그만 손으로 작은 손톱에 네일아트라니! 과연 잘할 수 있을까 걱정이 앞섰다.

나는 가끔 네일숍에 들른다. 기분 전환이 필요하거나, 나를 위한 작은 선물을 주고 싶을 때 찾아간다. 편안한 분위기에서 전문가에게 두 시간 정도 손톱을 맡기면 힐링의 시간이 된다. 예쁜 손톱을 보면 기분이 좋아지고, 일상에 작은 활력이 생긴다. 다녀올 때마다 고맙다. 내 마음에 꼭 드는 작품을 손톱 위에 완성해 주는 네일 아티스트라는 직업이 참 멋지다고 생각한다. 우리 아이들이 네일 아티스트가 되어 본다니, 나도 잔뜩 기대되었다.

　강사님은 큰 가방을 여러 개 들고 오셨다. 가방에서 하나씩 꺼내 보여 주며 이름을 알려 주셨다. 사포, 광택기, 리무버, 베이스코트, 매니큐어, 탑코트, 아세톤, 솜, 네일 스티커, 브러시, LED 램프. 발음하기도 어려운 이름의 도구들이 하나씩 나올 때마다 아이들은 "와!" 하고 탄성을 질렀다. 강사님은 재료와 도구의 종류가 다양한 만큼 네일아트가 섬세한 과정의 작업이라고 말씀하셨다. 모둠 책상 위에는 준비물이 한가득 차려졌다.

　아이들은 생전 처음 보는 도구들을 눈을 반짝이며 들여다봤다. 눈으로만 보라는 강사님의 지시에 자꾸 도구로 향하는 손을 꽉 잡았다. 이것저것 만져보고 싶은 마음이 굴뚝 같았겠지만, 규칙을 잘 따랐다. 강사님의 설명을 하나라도 놓칠세라 눈을 동그랗게 뜨고 집중했다. 아이들은 새로운 경험을 할 때 호기심이 넘친다. 섬세하고 복잡한 과정이라도, 믿고 기회를 주면 잘해 보려고 노력한다. 아이들은 믿어 주는 어른을 통해 자신감이 생기고 의젓해진다.

　멋진 네일아트가 완성되기까지는 많은 시간과 노력이 필요했다. 여러 단계를 순서대로 하나씩 밟아야 한다. 작업하고 기다리는 과정을 반복하며 작품이 완성된다.

네일아트 순서를 정리하면 이렇다.

첫째, 손을 깨끗이 씻고, 손톱을 원하는 모양으로 다듬는다.

둘째, 손톱 주변의 각질을 정리한다.

셋째, 베이스코트를 얇게 발라 손톱을 보호한다.

넷째, 원하는 색의 매니큐어를 1~2회 얇게 바르고, 각 층마다 충분히 말린다.

다섯째, 스티커나 그림으로 자신만의 디자인을 추가해 예쁘게 꾸민다.

여섯째, 탑코트로 전체를 감싸 광택을 내고 오래가게 한다.

일곱째, 마지막으로 오일을 발라 손톱과 피부를 촉촉하게 정리한다.

아이들은 마음에 드는 매니큐어 색을 고르는 데도 신중했다. 생애 첫 매니큐어이니 얼마나 소중했을까. 네일사포를 이용해 손톱을 원하는 모양으로 다듬었다. 아티스트 흉내 내는 모습에 웃음이 났다. 작고 무딘 손으로 매니큐어를 바르는데 손을 발발 떨었다. 매니큐어가 이리 삐죽 저리 삐죽 제멋대로 칠해졌지만, 끝까지 꾹 참고 칠했다. 눈을 부릅뜨고, 온몸으로 칠하는 모습에 진심이 가득했다. 조그마한 손톱 위에 스티커와 반짝이도 붙였다. 수아가 꼼짝 않고 자리에 앉아 스티커를 붙이는 모습이 대견했다. 수아가 저렇게 집중력이 좋았나 새삼 놀랐다. 매니큐어를 바른 손을 가만히 책상 위에 올려놓고 마를 때까지 기다리는 모습도 기특했다. 가끔 조급한 마음에 "이제 움직여도 돼요?", "다른 거 해도 돼요?" 묻기도 했지만, 잘 기다렸다.

도윤이는 네일아트가 힘들었나 보다. "선생님, 고개도 아프고 어깨도 아파요. 그런데, 저 망친 것 같아요. 안 예뻐요!" 강사님은 그럴 때마다 따뜻하게 말씀하셨다. "도윤아, 힘들면 잠시 쉬었다 해도 돼. 망친 건 없어. 완벽하지 않아도 괜찮아. 끝까지 해 보는 게 중요해. 천천히 하나씩 마무리까지 해 보자." 강사님의 다정한 격려가 힘이 되었는지 도윤이는 포기치 않고 끝까지 과정을 해냈다.

세 시간의 재밌고 고된 과정을 거치며, 아이들 손톱은 예술 작품이 되었다. 밋밋했던 손톱 위에 작품이 내려앉았다. 예린이는 분홍으로 물든 손톱에 하얀 리본과 하트를 깜찍하게 붙였다. 지호는 파란색으로 그라데이션 된 손톱에 작고 귀여운 곰돌이 스티커를 붙였다. 서연이는 하얀 손톱 위에 바나나, 딸기 모양 반짝이를 얹었다. 민서는 똑같은 손톱이 하나도 없는 화려한 작품을 완성했다. 무지개 손톱에 하트 스티커를 하나씩 붙였다. '제대로 되려나' 걱정했는데, 완성된 결과물을 보고 있자니 감탄이 절로 나왔다. 예쁘지 않은 손톱이 하나도 없다. 내가 이렇게 감동했는데, 아이들은 얼마나 뿌듯할까?

"그냥 재미있을 것 같다고 생각했는데, 해 보니 정말 힘들었어요. 네일 아티스트분들이 진짜 대단해 보여요."

"처음엔 내가 할 수 있을까 걱정했어요. 그런데 너무 재밌었고, 언젠가 꼭 해 보고 싶었던 걸 할 수 있어 뿌듯하고 신기했어요."

"처음엔 잘 안 돼서 속상했거든요. 그런데 다 하고 나니까 생각보다 괜찮았어요. 정말 마음에 들어요. 또 하고 싶어요."

아이들 소감을 들으니 오늘 진로 체험학습은 성공이다. 네일아트라는 색다른 세계를 만난 아이들 마음은 한 뼘 더 넓어졌다. 쉽지 않은 분야였지만 그 과정을 도전해 본 것만으로도 아이들에게는 충분히 의미 있는 시간이 되었다. 완벽하지 않아도 괜찮다. 서툴러도 괜찮다. 아이들은 호기심 가득 안고 도전하며 성장한다. 마냥 어리게만 보이는 아이들도, 믿어 주고 기회를 주면 생각보다 잘 해낸다. 때로는 뜻밖의 재능을 발견하고, 새로운 꿈을 꾸기도 한다.

다음엔 어떤 진로 체험학습을 해 볼까? 즐거운 고민이 시작된다.

우리 반 알림장

✏️ 오늘의 문장

완벽하지 않아도 괜찮습니다. 서툴러도 괜찮습니다. 우리들은 호기심 가득 안고 도전하며 성장합니다.

☕ 오늘의 생각

기억 속 가장 특별했던 네일아트를 떠올려 보세요.
그때의 장소, 색, 그리고 기분까지.

_____

_____

_____

_____

_____

_____

딸기에 반하다

학교에서 멀지 않은 곳에 딸기 농장이 있다. 딸기 따기 체험을 위해 그곳을 찾은 건 이번이 처음이다. 우리 아이들 부모님은 대부분 미나리 농사를 짓는다. 가까운 곳에 딸기 농장이 있지만, 시간을 쪼개 아이들과 직접 방문해 농장 프로그램을 경험해 보는 건 쉽지 않다. 몇몇 아이들은 유치원 때 가 본 기억이 있다고 한다. 아무튼, 대부분의 아이들에게 이번 딸기 따기 체험은 무척 신나는 일이었다.

기대와 설렘을 안고 도착한 딸기 농장은 입구부터 달콤한 향기로 우리를 맞이했다. 이웃집 아저씨, 아줌마 같은 농장 주인 부부는 환한 미소로 아이들을 반겨 주었다. 체험활동을 시작하기 전, 오늘의 일정에 대해 자세히 설명해 주셨다. 딸기와 똑같은 빨간 티셔츠를 입고 밝은 표정으로 설명을 해 주셨는데, 목소리도 친절하고 설명도 귀에 쏙쏙 들어왔다.

특히 딸기를 딸 때 손가락을 어떻게 써야 딸기를 상하지 않게 잘 딸 수 있는지 알려 주셨다. 나도 처음 듣는 꿀팁에 고개가 절로 끄덕여졌다. 검지와 중지를 딸기 꼭지 사이에 끼우고, 손목 스냅을 사용해 '똑' 소리가 나게 따는 게 요령이란다. 설명을 잘 들은 아이들은 딸기가 한 번에 똑똑 따지는 재미난 경험을 했다. 반면, 설명을 흘려들었던 아이들은 금세 들통이 났다. "선생님, 저는 계속 안 따져요. 다시 가르쳐 주세요." 전문가에게 배울 때 기회를 놓치지 말고 집중해서 잘 배워야 한다. 그러면 인생이 쉽고 재미있어진다. 혹시 벌을 만나게 되었을 때의 대처법도 알려 주셨다. 당황해서 이리저리 휘젓지 말고, 벌이 지나갈 때까지 가만히 기다려야 한다.

딸기 비닐하우스로 출동했다. 아이들은 비닐하우스 문을 열자마자 "우와!" 하고 일제히 소리를 질렀다. 줄기마다 빨갛고 통통하게 익은 딸기들이 주렁주렁 달려있었다. 하얀 딸기꽃들도 여기저기 볼 수 있었다. 아이들은 서너 명씩 한 고랑을 차지하고, 좁은 딸기밭 사이를 조심조심 걸어갔다. 딸기 한 알 한 알 신중하게 살폈다. 한참 고민하다가 "이런 거 따면 되죠? 이렇게 잡는 거 맞지요?" 하며 한 알씩 조심스럽게 따기 시작했다.

급식에 딸기 나올 때는 아무 감흥 없던 아이들이었는데, 지금은 소중한 아기 다루듯 한 알씩 바구니에 담는 모습이 진지했다. 어느새 익숙한 손놀림으로 바구니를 채워 갔다. 씻어서 먹어야 한다는 농장 주인의 신신당부를 기억하는 아이들은 "먹고 싶다, 빨리 먹고 싶다." 하면서도 잘도 참고 견뎠다.

가득 찬 바구니를 들고 다시 체험 장소로 모였다. 막 따서 씻은 딸기가 예쁜 접시에 담겨 아이들 눈앞에 놓였다. 아이들은 손이 바쁘게 딸기를 입으로 가져갔다. "와! 진짜 맛있어요!" 딸기밭에서 함께 먹는 딸기가 오죽이나 맛있을까. 달콤한 향에 취하고 맛에 반하며, 딸기에 풍당 빠지는 시간이었다.

시식이 끝난 후에는 딸기 샌드위치를 만들었다. 식빵에 딸기잼을 고루 바르고, 슬라이스한 딸기를 예쁘게 얹었다. 그 위에 식빵을 한 장 더 덮으면 딸기 샌드위치 완성! 반으로 자르니 베이커리에서 파는 샌드위치 못지않은 모양이다. 반은 부모님께 드리기로 하고, 나머지 반은 입속으로 쏙! 어찌나 냠냠 맛있게 먹던지. 세상에서 제일 맛있는 딸기 샌드위치를 먹는 시간이었다.

배를 든든히 채운 아이들은 딸기청 만들기 체험에 나섰다. 꼭지 딴 딸기와 설탕을 1:1로 섞어 잘 주물러주면 된다. 큰 그릇을 앞에 두고 삼삼오

오 팀을 이루어 비닐장갑 낀 손으로 주물럭주물럭 장단 맞춰 딸기를 으깼다. 딸기와 설탕이 잘 섞여 금세 걸쭉한 딸기청이 되었다. 예쁜 병에 담았다. 빨갛고 먹음직스러운 병을 하나씩 들어 보이며 아이들이 좋아했다.

갓 딴 딸기를 담은 바구니, 딸기 샌드위치 반쪽, 딸기청이 담긴 병까지— 양손 가득 들고 스쿨버스를 향해 가는 발랄한 아이들 뒷모습이 사랑스러워 휴대폰 카메라에 담았다.

내가 우리 아이들만 했을 때, 딸기는 정말 귀한 과일이었다. 1년에 한 번이라도 먹을 수 있다면 큰 행운이었다. 초등학생이던 시절, 나보다 열두 살 많은 큰언니는 도시에서 직장을 다니고 있었다. 두 달에 한 번꼴로 집에 오는 언니를 기다리는 마음은 설렘 그 자체였다. 이번엔 언니가 뭘 사 올까? 상상만 해도 행복했다. 어릴 적 내 추억의 물건 대부분은 언니가 사다 준 것들이다. 바닥이 도톰한 운동화, 멜빵 달린 셔츠, 창 달린 모자, 책 끈, 샤프. 그런 물건들은 학교에서 나의 기를 살려주었다. 모두 언니가 땀 흘려 번 돈으로 사다 준 것들이었다. 언니는 과일도 가끔 사 왔다. 지금도 잊을 수 없다. 바나나를 처음 본 날, 그리고 큼직하고 싱싱한 딸기를 들고 왔던 날. 언니가 사 온 딸기는 가족을 향한 언니의 헌신이자 사랑이었다. 나에게는 가 보지 못한 세상에 대한 동경을 품게 했다. 지금도 그날의 딸기 맛이 잊히지 않는다. 새콤달콤하다는 표현만으로는 부족하다. 그날의 딸기 맛은 큰언니의 따뜻한 마음이 입안 가득 퍼지는 그런 맛이었다.

딸기 농장 체험은 아이들에게 어떤 기억으로 남을까? 내 어릴 적 큰언니의 딸기처럼, 농장에서 직접 체험한 아이들의 딸기에는 저마다의 특별한 의미가 스며들었을 것이다. 만지고, 냄새 맡고, 맛보고, 샌드위치와 딸기청을 만들며 딸기 한 알의 소중함을 알게 된 하루였다. 우리에게 딸기가 오기까지 수고한 농부들의 노고도 떠올리는 시간이었다. 급식에 나오는 딸기 한 알 함부로 남기지 않게 될 것이다.

좋은 것을 보면 가족이 떠오른다. 직접 딴 딸기를 바구니째 부모님께 드리려는 마음, 정성껏 만든 샌드위치를 잘 챙겨서 가져가는 마음, 모든 것이 사랑하는 이를 생각하는 마음이다.

아이들이 이 마음 그대로 가족을 사랑하고, 친구들을 아끼는 따뜻한 사람으로 자라나길 바란다. 딸기에 반한 하루였다. 아이들은 직접 손과 발을 움직이며 배우고, 성장하고, 사랑을 전한다.

우리 반 알림장

✏️ 오늘의 문장

직접 딴 딸기를 바구니 채 부모님께 드리려는 마음, 정성껏 만든 샌드위치를 잘 챙겨서 가져가는 마음, 모든 것이 사랑하는 이를 생각하는 마음입니다.

☕ 오늘의 생각

딸기를 따 본 경험이 있나요?
기분이 어떠했나요?
딸기 하면 떠오르는 기분 좋은 단어들을 적어 보세요.

_____

_____

_____

_____

_____

오늘은 내가 소방관

며칠 전, 안동을 다녀왔다. 중앙고속도로를 달리던 중이었다. 한참을 달려도 검게 그을린 산이 이어졌다. 이른 봄, 경북 북부 지방에서 발생한 산불 피해를 눈으로 확인하는 시간이었다. 마음이 아팠다. 오랫동안 푸르름을 간직했던 산이 한순간에 검은 잿더미로 변했다. 소중한 자연이 무너졌을 뿐만 아니라, 말로 다 표현할 수 없는 인명 피해까지 생각하면 눈물이 났다. 갑작스러운 재난으로부터 나와 가족, 그리고 자연을 지키기 위해 우리가 할 수 있는 최소한의 노력은 평소에 안전에 관심을 갖고 교육을 받는 것이다.

'찾아가는 119 안전 체험 버스'를 체험하는 날이다. 멀리서 거대한 빨간 버스가 천천히 다가오자 아이들은 탄성을 질렀다. 지금껏 보아왔던 스쿨버스, 마을버스, 관광버스와는 차원이 달랐다. 소방차를 연상케 하는 빨간색 바탕 위에 친근한 캐릭터가 멋지게 그려져 있었다. '보고 듣고 느끼는 119 안전 체험'이라는 문구가 선명하게 보이는 이 버스는 안전 교육을 위한 특별한 공간이었다. 체험 버스가 움직일 때마다, 아이들은 목을 쭉 빼고 눈동자가 따라 움직였다. 유치원생들은 온몸으로 물개박수까지 치며 좋아했다.

  소방관들이 하나씩 버스의 숨겨진 문을 열었다. 소방관들이 손을 댈 때마다 마치 트랜스포머처럼 계단이 생기고 대피용 미끄럼틀이 만들어지며, 바닥에는 안전 매트가 깔렸다. 아이들은 눈을 반짝이며 신기한 듯 바라봤다. 어느새 버스는 안전 체험장으로 변신했다. 목소리가 우렁찬 소방관들의 설명에 아이들은 귀를 쫑긋 세웠다. 주황색 소방 안전 체험복과 노란색 안전모까지 갖춰 입은 아이들은 어느새 의젓한 꼬마 소방관이 되었다. 꾹 다문 입술과 번뜩이는 눈빛에서 진지함이 느껴졌다.

  아이들은 네 명씩 한 조가 되어 버스 안으로 들어갔다. 계단을 오르자 어두운 실내가 나타났다. 민호는 시작도 하기 전에 "선생님, 무서워요." 하고 속삭였다. 새로운 공간에서의 첫 경험은 기대 반, 긴장 반이었다. 첫 번째 체험은 가정집에서의 화재 상황이었다. 식탁과 선반이 놓인 작은 공간과 마주한 화면에는 거실 풍경이 보였다. 소방관은 지진 상황과 대피 방법에 대해 차분히 설명했다. 아이들은 귀를 기울여 듣고 질문에 곧잘 대답했다.

"자 시작합니다." 소방관이 버튼을 누르자 갑자기 바닥이 흔들리고 선반 위의 물건들이 떨어졌다. "아, 지진이다!" 아이들은 배운 대로 방석을 머리에 덮고 식탁 아래로 신속히 들어갔다. 처음엔 긴장했던 목소리가 어느새 웃음 섞인 비명으로 바뀌었다. 약 30초 후, 지진이 멈추자 아이들은 하나둘 일어났다. "한 번 더 해요!" 민준이가 아쉬운 듯 말했다. "지진 났을 땐 어떻게 해야 하죠?" 소방관의 확인 질문에 아이들은 큰 소리로 대답했다. "머리를 보호하고, 책상이나 식탁 아래로 들어가서 지진이 멈출 때까지 기다려요!" 조금 전까지만 해도 '선생님, 무서워요' 하던 민호도 자신 있게 답했다. 민호는 무서움을 안고 시작했지만 배우고 나니, 할 수 있었고 자신감까지 생겼다. 배움은 아이들을 용기 있고 당당하게 만든다.

다음 코너로 가기 위해 엘리베이터 체험을 했다. 엘리베이터 문이 잠겼을 때, 어떻게 대피해야 할까? "비상벨을 눌러야 해요!" 아이들은 노란색 비상벨을 가리키며 큰 소리로 말했다. 지진 체험으로 한껏 신이 난 아이들은 더욱 적극적으로 참여했다. 비상벨을 누른 뒤, 모든 층의 버튼을 누르고 가장 먼저 열리는 층에서 내려야 한다는 것도 배웠다. 아이들은 상황극 속에서도 놀라울 만큼 침착하고 씩씩하게 대처했다.

　이어서 불이 난 버스 안에서의 화재 진압 체험이 이어졌다. 이미 연기가 피어오르고 있었다. 소방관의 설명에 따라 아이들은 소화기를 들고, 안전핀을 뽑았다. 손잡이를 힘껏 잡고 불을 향해 조준했다. 영상 속 좌석에 불이 붙자, 아이들은 차례차례 불을 껐다. 민서는 자기 앞의 불을 모두 끈 뒤, 멀리 있는 불까지 친구와 힘을 모아 껐다. 온몸에 힘을 가득 실어 소화기를 흔드는 모습에서, 아이들의 진지함이 느껴졌다. 어디에서 불이 나든 우리 아이들이 출동하면 다 꺼질 것 같았다.

　마지막 코너는 연기 자욱한 복도를 지나 대피 미끄럼틀을 타고 밖으로 나오는 훈련이었다. 두 손으로 입과 코를 가리고, 몸을 낮춰 비상등을 따라 외부로 난 문까지 이동했다. 미끄럼틀을 타고 내려오자 아이들은 만세를 불렀다. 진짜 불난 곳에서 무사히 탈출한 것처럼 환희의 세리머니를 펼쳤다.

　119 안전 체험 버스는 기대 이상이었다. 지진 대피, 엘리베이터 탈출, 소화기 사용, 화재 속 대피 요령까지 모두 한 공간에서 체험할 수 있었다. 교실에서 열 번 영상 보고, 책으로 배우는 것보다 한 번 몸으로 직접 경험해 보는 것이 아이들에게는 훨씬 더 생생하고 의미 있었다. 실제 현장에서 사람들의 생명을 구하는 소방관들의 목소리로 전달되었기에 더

실감 났다. 친절히 설명해 주시고, 안전하게 체험을 도와주신 소방관 아저씨들께 감사한 마음을 전한다.

어릴 때부터 안전교육이 일상이 될 때, 불현듯 닥친 재난 앞에서도 당황하지 않고 자신과 이웃을 지킬 수 있다. 지진이 나도, 엘리베이터에 갇혀도, 불이 나도 최소한의 기본 행동은 할 수 있는 아이들로 자라난다. "선생님 무서워요." 했던 민호가 대피 미끄럼틀을 타고 내려올 때는 누구보다 환하게 웃었다. 무서운 마음이 들었지만 포기치 않고 배웠기에, 결국 모든 과정을 능숙하게 통과할 수 있었다. 배움의 과정은 때로 힘들지만, 배움의 결과는 우리를 웃게 만든다. 아이들은 배움을 통해 성장해 간다. 겸손하게 배우는 인생은 실수와 실패의 때에도 한 걸음 성장한다.

아무리 강조해도 지나치지 않는 안전교육이다. 어릴 때부터 안전교육 제대로 배운 우리 아이들이 살아갈 미래는, 소중한 생명을 잘 지켜내는 세상이었으면 좋겠다. 아무 일 일어나지 않는 평범한 일상이 당연한 게 아니라는 사실을 새삼 느끼게 된다. 평범한 일상을 누리는 오늘은 당연한 것 아니라 기적이다.

우리 반 알림장

✏️ 오늘의 문장

아이들은 배움을 통해 성장해 갑니다.
겸손하게 배우는 인생은 실수와 실패의 때에도 한 걸음 성장합니다.

☕ 오늘의 생각

위험한 상황에 처해 본 경험이 있나요?
언제 무슨 일이 있었나요?
아무 일 없는 평범한 일상을 누리는 오늘에 감사의 말을 전해 주세요.

_____

_____

_____

_____

_____

함께 꾸는 꿈, 장애이해교육

"선생님, 저는 공부를 못해요. 그래서 꿈이 없어요."

"선생님, 저는 키가 작아요. 그래서 아이돌은 꿈도 못 꿔요."

"선생님, 저는 책을 빨리 못 읽어요. 그래서 잘 할 수 있는 게 없어요."

아이들이 무심코 내뱉는 말들이다. 4월 20일. 장애인의 날을 맞아 '2025 대한민국 1교시'를 시청하면서 아이들의 "안 돼요."라는 말들이 쏙 들어갔다.

29세에 하반신 마비 장애를 갖게 된 김승환 연구원의 이야기에 아이들 눈빛이 달라졌다. 그는 갑작스러운 사고로 하반신 마비가 되었지만, 주저앉지 않았다. 다시 걸을 수 있는 방법을 고민했고, 그러다 '사이배슬론 대회'를 알게 되었다. 사이배슬론은 첨단기술로 만든 로봇을 이용해 장애인이 일상생활의 여러 과제를 수행하는 국제 대회다.

　김승환 연구원은 2019년 건강 문제로 대회를 포기했지만, 2022년 다시 도전해 마침내 세계 챔피언이 되었다. 그는 로봇 연구를 하며 장애를 잊는 즐거움을 느꼈고, 연구팀과 함께 '옷처럼 입는 로봇'을 만들었다. 장애인이 혼자 입고 목발 없이도 걸을 수 있는 이 로봇으로 사이배슬론에서 우승할 수 있었다.

　김승환 연구원의 꿈은 앞으로 시력이 나쁜 사람이 안경을 쓰듯, 걷기 어려운 사람이 '입는 로봇'의 도움을 받아 걷는 세상을 만드는 것이다. 그의 이야기를 들으며 아이들 말투가 달라졌다. "선생님, 키가 작아도 할 수 있을 것 같아요", "통통해도 아이돌에 도전할 수 있어요.", "연습하면 야구선수도 될 수 있어요.", "저도 로봇 박사가 되고 싶어요."

　세계 최초 청각 장애인 아이돌, '빅오션' 이야기도 감동적이었다. 청각 장애를 가진 세 명의 멤버가 아이돌 그룹을 결성했다. 이전에는 상상할 수 없던 일이었다. 빅오션의 현진, 찬연, 지석이 부른 '빛'이라는 노래와 춤은 칼군무와 아름다운 하모니로 무대를 가득 채웠다. 그들이 청각장애를 가진 아이돌이라고는 믿기 어려울 정도였다. 아이들은 눈을 반짝이며 영상에 빠져들었다. 빅오션 멤버들은 진동 스마트워치와 모니터를 통해 박자를 익혔다. 청각 보조 기기를 착용한 채 전신거울 앞에서 수없이 연습했다. 연습 장면을 촬영해 비교하고 반복하면서 만들어 낸 무대였다.

   청각장애를 가졌어도 연습하고 노력하면 멋진 아이돌이 될 수 있다는 것을 증명해 주고 있었다. 빅오션은 장애가 문제가 되지 않음을, 포기하지 않고 도전하면 어떤 장벽도 뛰어넘을 수 있음을 보여줬다. 현재는 '빛'이라는 노래로 수어 챌린지를 진행 중이다. 빅오션이 가르쳐 주는 대로 영상을 보며 아이들도 한 동작씩 따라 해 봤다. 처음엔 어려웠지만 몇 번 연습하니 노래에 맞춰 할 수 있었다. 아이들은 노래도 동작도 재밌다며 여러 번 반복했다. 서연이는 "저는 파도가 될 거예요."라고 말했다. 파도? 파도는 바로 빅오션의 팬클럽 이름이다. 어느새 아이들은 빅오션의 팬이 되어 있었다.

   아이들은 한 편의 영상을 통해서도 생각이 달라진다. '2025 대한민국 1교시, 우리 함께 꾸는 꿈'을 보며 장애인에 대한 인식이 조금은 달라졌다. 장애인도 우리와 똑같이 꿈꾸고 도전하고 실패하고 성공할 수 있다. 장애는 불가능을 뜻하지 않는다. 포기의 이유가 되지 않는다. 실패로 이어지는 조건도 아니다. 장애가 있어도 로봇 과학자가 될 수 있고, 세계적인 아이돌이 될 수 있다. 웹툰 작가, 운동선수, 선생님. 무엇이든 될 수 있다. 누구도 완벽하지 않다. 모두가 장단점을 지니고 있으며. 모두가 다르다. 키가 작은 아이, 키가 큰 아이, 운동 잘하는 아이, 노래 잘하는 아이,

공부 잘하는 아이, 놀이를 잘하는 아이, 그림을 잘 그리는 아이, 책을 잘 읽는 아이.

    단점이 곧 장점이 될 때도 있다. 나는 어릴 적, 사람이 많은 곳에서 말을 잘하지 못했다. 부끄럽고 긴장 되어 묻는 말에 대답만 하고 가만히 들어주는 아이였다. 그런 나 자신이 마음에 들지 않았고, 말 잘하고 자신감 넘치는 친구들이 부러웠다. 하지만 돌아보면, 나의 단점은 다른 사람의 말을 잘 듣고 공감하는 장점과도 연결되어 있었다. 나는 경청을 통해 사람들과 소통하고, 말에는 능숙하지 못해도 내면이 단단한 사람으로 성장하고 있었다.

    누구나 단점 하나쯤은 가지고 있다. 그것이 인생의 장애물로 느껴질 때도 있다. 하지만 누군가는 말했다. '물이 장애물을 만났을 때 더 아름다운 소리를 내며 흐른다.' 삶을 살다 보면 장애물을 만나기도 하고, 크고 작은 장애를 지닌 채 살아가기도 한다. 그럴 때마다 기억해야겠다. 장애물 덕분에 삶이 더 아름답게 흐르고 있다는 것을.

    이런 시선으로 나와 세상을 바라본다면, 어떤 상황에서도 우리는 꿈꿀 수 있다. 몸이 조금 불편해도, 도드라진 단점이 있어도 괜찮다. 이런 내 모습조차 사랑하는 건강한 마음이 있으면 된다. 김승환 연구원처럼, 빅오션 아이돌처럼. 우리 아이들도 그렇게 마음이 건강한 사람으로 자라줬으면 좋겠다. 어떤 장애물이 와도 포기하지 않는 아이들, 다시 일어나 도전하는 아이들. 오늘 내가 할 수 있는 작은 일을 소중히 여기며 최선을 다하는 아이들. 작은 배려와 친절로 도움이 필요한 친구를 돌아보는 아이들. 그런 건강한 아이들로 자라나길 바란다.

오늘 시청한 '2025 대한민국 1교시'의 김승환 연구원과 빅오션을 마음에 오래오래 기억했으면 좋겠다. 장애물이 앞을 가리고, 포기하고 싶은 순간이 찾아올 때 오늘의 감동이 떠오르길 바란다. 하반신 마비에도 포기하지 않았던 김승환 연구원의 로봇 다리, 세계 최초 청각 장애인 아이돌 빅오션의 수어 챌린지, 그 감동이 다시 아이들 마음을 부풀게 하길 기도한다.

우리 반 알림장

✏️ 오늘의 문장

물이 장애물을 만났을 때 더 아름다운 소리를 내며 흐릅니다.

☕ 오늘의 생각

지금 나에게 장애물처럼 느껴지는 것을 떠올려 보세요.
어떤 기분이 드나요?
김승환 연구원과 빅오션의 이야기가 여러분에게 어떻게 와 닿나요?

_____

_____

_____

_____

_____

_____

모든 과정은 아름답다

"민서가 본선 진출이다!"

예상치 못한 결과였다. 매년 4월 말이면 경상북도 안전 골든벨 어린이 퀴즈쇼 지역 예선이 열린다. 우리 학교도 매년 출전한다. 청도 지역 4학년부터 6학년 학생들이 참가 자격이 있다. 작은 학교에서만 생활해 온 아이들이 지역의 여러 초등학교 친구들을 만나는 드문 기회다. 이백여 명의 또래들과 어깨를 나란히 하며 대회에 참석하는 경험은 아이들에게 무척 소중하다. 큰 대회를 직접 겪고, 다양한 친구들을 만나는 기회다. 여건이 된다면 아이들을 적극적으로 출전시키고자 한다.

대회 장소인 청도초등학교 강당에 들어서자, 학생들이 번호표 붙은 안전모와 화이트 보드판을 받고 있었다. 작년에 출전했던 하은이와 성훈은이는 이 풍경이 익숙했다. 처음 참가한 4학년 동생들에게 상황을 설명해 주었다. "등록하고 안전모랑 보드판을 받아서, 자기 번호 있는 자리에 가서 앉으면 돼." 능숙한 안내에 동생들은 고개를 끄덕였다.

학생들로 꽉 찬 강당 분위기에 압도된 듯, 아이들은 어리둥절한 표정을 지었다. 그때 하은이를 부르는 소리가 들렸다. 한 무리의 여학생들이 달려왔다. 작년에 이곳에서 만나고 야영장에서 다시 만나 친구가 된 청도초등학교 아이들이었다. 서로 얼싸안고 반갑게 인사를 나눴다. 친구들에게 동생들도 소개했다. 진한 반가움을 뒤로 하고, 모두 각자의 자리로 돌아갔다. 머리에는 번호표 붙은 안전모를 쓰고, 손에는 커다란 화이트보드판을 든 뒷모습만 봐도 긴장한 기색이 역력했다.

어린이 퀴즈쇼 참가를 위해 우리는 한 달 전부터 준비했다. 대회 사이트에서 예상 문제를 뽑아 책으로 만들었는데, 꽤 두꺼운 분량이었다. 아이들에게 퀴즈쇼에 대해 설명한 뒤, 출전을 희망하는 아이들을 모집해 6학년 두 명, 4학년 두 명, 총 네 명을 선발했다. 두꺼운 문제집을 받은 아이들의 반응은 제각각이었다. "선생님, 저 이거 다 풀고 대회에 참가할래요.", "에이, 이렇게 많을 줄 알았으면 다시 생각해 볼걸요. 너무 많아요!", "작년에는 예선에서 떨어졌지만, 올해는 본선까지 가볼래요." 그렇게 아이들은 두툼한 문제집을 품에 안고 한 달 동안 들고 다녔다.

매주 월요일과 목요일, 점심시간에 모여 공부한 내용을 점검했다. 열 문제를 내고 일곱 문제 이상 맞히면 작은 상품도 주었다. 실전처럼 문제를 내고 정해진 시간 안에 보드판에 정답을 쓰는 연습도 했다. 패자부활전도 하며 재미있게 연습했다. 아이들은 연필 캡, 짱구 지우개, 젤리 같은 상품을 목표 삼아 열심히 참여했다.

그중에서도 서연이는 유독 열심이었다. 문제집 곳곳에 별표와 형광펜 흔적이 가득했다. 왠지 나올 것 같은 문제에는 별표, 한 번 읽고 이해가 안 된 내용엔 형광펜 표시를 해 두었다. 오답 노트까지 작성해 자주 틀리거나 어려운 문제들을 따로 정리하고 있었다. 역시 서연이다웠다. 서연이는 수업 시간에도 남다르다. 숙제, 방과 후 활동, 1인 1역할. 뭐든 열심히 한다. 그런 성실한 습관대로 골든벨 준비도 최선을 다했다. 연습할 때마다 서연이는 종종 6학년보다 한두 문제씩 더 맞혔다. 아이들은 "서연이는 본선 진출할 것 같아!" 하며 응원했다.

대회 날, 우리는 뜻밖의 이변을 목격했다. 마지막 관문에서 하은이, 성훈이는 물론 기대를 모았던 서연이마저 탈락했다. 패자부활전에서도 헷갈리는 문제가 나왔다. 그 와중에 민서가 계속 올라가며 본선 진출 관문을 통과했다. 민서의 활약은 누구도 예상하지 못했다. 민서는 평소 "대회에 참석하는 것만으로도 만족해요."라고 말하던 아이였다. 문제를 풀다가도 "이렇게 어려운 문제는 초등학생용이 아니에요." 하며, 고개를 갸웃거리던 아이였다. 문제를 많이 풀지는 못했지만, 질문은 자주 했다. "선생님, 왜 안전 방지턱은 높이가 10cm여야 해요?" 궁금한 문제는 끝까지 파고들었다. 검색창을 열어 질문을 하고, 자료를 찾아봤다. 예상 문제를 절반밖에 풀지 못했지만, 본선에 진출했다. 누군가는 민서가 운이 좋은 거라고 했지만, 운도 준비된 자에게 따라오는 법이다.

　우리는 저마다 다른 방식으로 인생의 문제를 풀어간다. 그 방식이 맞을 때도, 그렇지 않을 때도 있다. 내가 공부한 것이 적중할 때도, 빗나갈 때도 있다. 하지만 그 모든 과정이 곧 배우고 성장하는 시간이다. 의미 없는 과정은 없다.

　아이들은 민서를 안아 주고 머리를 쓰다듬으며 진심으로 축하해 주었다. 민서는 한참 어리둥절한 표정이었다가 곧 각오를 다졌다. "선생님, 아직 못 본 문제들도 다 풀어 볼 거예요. 본선에서는 정말 잘할게요. 문제집이 하나 더 있으면 좋겠어요. 하나는 집에 두고, 하나는 학교에 두고 공부하려고요." 그러자 서연이가 자신의 문제집을 건넸다. 다소 낡았지만, 별표와 형광펜 표시가 가득한 문제집이었다. 공부에 도움이 될 거라며 선뜻 내어주는 마음이 참 예뻤다. 그런 서연이도 본선에 진출했다면 얼마나 좋았을까, 안타까운 마음이 들었다. "선생님, 올해 처음 해 봤는데 재밌었어요. 내년에도 참가할래요. 내년엔 문제집 두 번 정도는 보고 나올래요." 결과보다 과정을 즐긴 서연이의 해맑은 웃음이 기특했다. 자신이 노력한 만큼 결과가 만족스럽지 못했지만, 친구의 성공을 진심으로 기뻐해 주는 서연이는 자존감이 높은 아이다. 서연이와 같은 제자가 있다는 사실에 가슴이 뿌듯해졌다.

아이들은 이번 대회를 통해 각자의 배움이 있었을 것이다. 인생은 언제나 노력한 만큼의 결과를 보장하지는 않는다. 하지만 최선을 다하는 과정은 결코 헛되지 않다. 결과가 어떠하든 그것을 잘 받아들이면 성공보다 더 큰 성장을 경험할 수 있다. 최선을 다하는 과정은 결과 못지않게 중요한 가치가 있다. 인생의 문제를 만났을 때, 정답을 아는 것이 전부는 아니다. 호기심과 의문을 품고 정답을 찾아가는 과정에 우리는 진정한 인생의 의미를 배운다.

안전 골든벨 퀴즈쇼를 통해 아이들은 안전한 삶을 위해 지켜야 할 규칙과 질서들을 익혔다. 누구보다 건강하고 안전한 아이들로 자라날 것이다. 서연이에게는 최선을 다한 준비의 시간이, 그 어떤 결과보다 값진 뿌듯함으로 남았다. 민서는 문제 하나하나에 호기심으로 다가가면서 깊이 있는 공부로 이어졌고, 결국 좋은 결과도 얻을 수 있었다. 하은이와 성훈이는 2년 연속 참가하며 학교 밖 더 넓은 세상을 경험했고, 다정한 또래 친구들과의 만남도 소중한 추억이 되었다.

   대회를 마치고 학교로 돌아오는 길, 우리는 또 다른 추억을 만들었다. 읍내 편의점에서 간식 사 먹은 달콤한 기억, 선생님 차가 들썩일 만큼 박장대소하며 수다에 빠졌던 웃음 가득한 순간. 두고두고 기억되겠지.

우리 반 알림장

✏️ 오늘의 문장

결과가 어떠하든 그것을 잘 받아들이면 성공보다 더 큰 성장을 경험할 수 있습니다.
최선을 다하는 과정은 결과 못지않게 중요한 가치가 있습니다

☕ 오늘의 생각

대회에 나가 본 경험을 떠올려 보세요.
어떤 대회도 괜찮아요. 기분이 어땠나요?
결과에 상관없이 배운 게 있지 않았을까요?

_____

_____

_____

_____

_____

2교시 경험, 세상을 배워 갑니다

생명 사랑, 나부터

카페는 꽤 높은 언덕에 있었다. 카페 입구에서 내려다본 풍경은 절로 "와!" 소리가 나올 만큼 장관이었다. 산등성이가 굽이굽이 이어지는 아름다운 풍경에, 산 아래 마을이 옹기종기 모여 있는 모습이 한눈에 들어왔다. 카페 뒤쪽으로는 울창한 소나무 숲이 포근히 감싸고 있었다. 건물 주변에는 갖가지 화초들이 반갑게 맞아 주었다. 눈길이 닿는 곳마다 꽃과 나무가 어우러져 눈이 시원해지고 마음이 따뜻해졌다. 우리는 식물 수업이 이루어질 장소로 안내받았다.

소우모우 식물 카페에서 사제동행 학교폭력 예방 프로그램의 하나로 전교생과 교직원이 함께하는 특별한 시간을 가졌다. 익숙한 공간을 벗어나 자연과 벗하며 친구들, 선생님들과 더 가까워지는 시간을 마련했다.

1~2교시는 식물 수업과 화분 만들기, 3~4교시는 맛있는 차와 함께하는 사제동행 대화의 시간으로 구성했다. 프로그램을 진행하기에 이보다 더 좋은 장소가 있을까 싶었다. 작년에도 비슷한 프로그램을 진행했는데 만족도가 높아, 올해도 아이들의 요청으로 이곳을 다시 찾게 되었다.

수업 장소에는 다양한 종류의 식물들이 조화롭게 배치되어 있었다. 기분 좋은 흙냄새와 상큼한 식물 향기에 기분이 상쾌해졌다. 평소에는 접하기 어려운 각종 식물을 한자리에서 만났다. 아이들은 입구에서부터 찬찬히 둘러보았다. 이름표도 읽어 보고, 자기 키보다 큰 식물 앞에서는 키 재기도 해 보고, 커다란 잎에 얼굴을 대보기도 했다. 화려한 꽃에는 코를 가까이 대고 향을 맡아 보았다.

학생 교직원이 함께 앉은 기다란 탁자 위에는 수업을 위한 모든 준비물이 잘 정돈되어 놓여 있었다. 작은 포트에 심겨진 몬스테라, 모종삽, 화분, 마사토, 부드러운 흙, 이름표, 작은 장식품들까지. 아이들은 재료들에 마음을 빼앗겼다가도, 강사님의 말에 금세 집중했다. 식물 수업을 맡은 강사님은 전문 플로리스트였다. 귀에 쏙쏙 들어오는 설명으로 수업을 이끌었다. 실내에서 키우기 좋은 관엽식물에 대한 소개부터 물 주기, 햇빛, 바람, 흙의 중요성까지 알기 쉽게 설명해 주셨다. 키우는 식물에 대해 정보를 알고, 관심 갖고 돌볼수록 잘 자란다는 말에 아이들은 고개를 끄덕였다. 우리가 심을 식물은 몬스테라였다. 이름도 매력적인 몬스테라는 갈라진 잎이 사랑스러운 식물이었다.

강사님의 지도에 따라 몬스테라를 큰 화분에 옮겨 심었다. 마사토로 배수층을 만들고, 그 위에 부드러운 흙을 채워 넣었다. 뿌리에 붙은 기존의 흙을 살짝 털어 낸 뒤, 몬스테라를 화분 중앙에 조심스럽게 놓고 흙으로 덮었다. 마지막으로 마사토를 얇게 덮어 마무리했다. 간단한 과정 같아 보였지만, 아이들에게는 만만치 않았다. 함께한 선생님들이 옆에서 도와가며 완성했다. 아이들은 자신의 몬스테라에 이름을 지어 주고 이름표를 꽂았다. 작은 조약돌과 장식물로 각자의 화분을 꾸몄다. 지호는 키가 많이 크라고 '거인'이라 이름 지었다. 예린이는 튼튼하게 자라라고 '쑥쑥'이라 불렀다. 자신만의 몬스테라에게 정성을 쏟는 모습이 사랑스러웠다. 화분을 만들며 여기저기서 웃음이 터졌다. 서로 도와주고, 잘했다고 칭찬하고, 고맙다는 말도 전했다. 사제 간에, 친구 간에 친밀함이 싹트는 시간이었다.

몬스테라가 다치지 않도록 긴 비닐 가방에 하나씩 담았다. 카페 입구에 화분들을 줄지어 세워 두었다. 사제동행 대화의 시간을 갖기 위해 자리를 옮겼다. 사방이 통창으로 된 카페는 햇살이 적당히 들어와 우리를 따뜻이 맞아 주었다. 월요일 오전이라 우리 외엔 아무도 없었던 점도 좋았다. 갓 구운 빵 냄새까지 더해지니, 아이들도 선생님들도 마음이 활짝 열렸다. 카페 사장님은 아이들을 위해 달콤한 미니 페이스트리도 서비스로 내어주셨다. 짝꿍 선생님과 아이들이 한 테이블에 마주 앉았다. 창 너머로 보이는 잘 가꿔진 나무와 화초를 바라보며 이야기꽃을 피웠다. 나도 커피 한 잔을 앞에 두고, 아이스크림을 손에 든 민서와 도란도란 이야기를 나눴다. 친구와 공부 이야기, 그동안 몰랐던 가족 이야기까지 재잘재잘 풀어냈다. 금세 마음이 통했다. 아이스크림을 먹는 민서의 표정은 내내 달콤했다.

　몬스테라 화분을 하나씩 들고 스쿨버스에 올랐다. 노란 버스가 초록으로 물들었다. 선생님과 아이들 마음도 초록빛으로 반짝였다.

　카페 다녀온 지 벌써 2주가 지났다. 다섯 장이었던 잎이 여섯 장이 되었다고 예린이가 들뜬 목소리로 말했다. 키도 처음엔 20cm 정도였는데 벌써 3cm는 더 큰 것 같다고 했다. 사제동행 화분 만들기 활동의 아름다운 여운이 학교 곳곳에 스며들었다. 아이들은 새롭게 만난 작은 생명에 정성을 다하고 있다. 강사님이 신신당부하신 대로, 너무 자주 물 주지 않고 일주일에 한 번 물 주기를 잘 지키고 있다. 시간 날 때마다 들여다보고 살펴본다. 이미 아이들 마음에는 생명에 대한 소중한 마음이 심어진

듯하다. 식물 사랑에 그치지 않고, 친구들과도 가까워졌다. 요즘 선생님들 사이에서 자주 하는 말, "생활 지도할 게 없네요. 애들이 너무 잘해요. 고맙네요." 나도 그렇다. 교과서를 사이에 두고 만나던 일상에서 벗어나, 자연 속에서 함께 식물을 심고, 차를 마시며 달콤한 대화를 나눈 시간은 소중했다.

생명 사랑, 거창한 것이 아니다. 내게 온 식물 하나에 정성을 다해 물을 주고 바라보는 것이다. 함께하는 친구를 다정한 눈으로 바라보고 따뜻한 말을 건네는 것이다. 마주한 선생님을 믿고 따르는 것이다. 학생들을 있는 그대로 바라보고 소중히 여기는 것이다. 우리는 일상 속에서 서로 사랑하고 사랑받으며, 생명 사랑을 배워 간다. 무엇보다, 아이들이 자신이 얼마나 소중한 존재인지 알고, 있는 그대로 사랑하는 사람으로 자라나길 기도한다.

우리 반 알림장

✏️ 오늘의 문장

생명 사랑, 거창한 것이 아닙니다. 내게 온 식물 하나에 정성을 다해 물을 주고 바라보는 것입니다. 함께하는 친구를 다정한 눈으로 바라보고 따뜻한 말을 건네는 것입니다.

☕ 오늘의 생각

식물을 가꿔본 경험을 떠올려 보세요.
어떤 기분이 들었나요?
생명 사랑은 거창한 것이 아니에요. 내가 실천하고 있는 생명 사랑에는 어떤 것이 있나요?

_____

_____

_____

_____

3교시

갈등,
성장하는 시간입니다

아이들도 우리네 인생도 갈등의 연속입니다.
호들갑 떨지 말고, 여유로운 마음으로 넉넉하게 품으면
아이들도 우리네 인생도 멋진 작품으로 빚어져 갑니다.

{ 선생님과 쌤, 교사의 자리 찾기 }

"쌤, 쌤~"

지난해 전학 온 도윤이는 선생님을 가끔 '쌤'이라고 부른다. 처음 그 말을 들었을 때, 나는 조심스럽게 말했다. "도윤아, 선생님은 친구가 아니야. '선생님'이라고 불러줬으면 좋겠어." 몇 번 이야기했다. 새로 입학한 동생들도 보고 있다. 친근한 친구 같은 교사이되 학교 안에서의 최소한의 존중은 '선생님'이라는 호칭에서 비롯된다고 생각했다. 고맙게도 도윤이는 그 이후로 '쌤'이라는 말 대신 '선생님'이라고 부르려 애썼다. 학원에만 가도 쌤이라고 하는 아이들이 있을 텐데, 그런 환경 속에서도 흔들리지 않고 노력하는 도윤이가 참 고마웠다.

나는 스스로 열린 사고를 가진 사람이라 여겼다. 그런데 요즘 아이들을 마주하며, 자꾸 고개를 갸우뚱하게 된다. 하고 싶은 일이라면 문제없이 잘하지만, 그렇지 않은 일에 대해서는 자기표현을 거리낌 없이 한다. "하기 싫어요. 안 할래요." 1분도 망설이지 않고 말한다. "안 하면 안 돼요?", "이건 하고 싶지 않은데, 왜 해야 하죠?" 눈을 동그랗게 뜨고 말하는 아이를 설득하는 일은 매번 쉽지 않다.

'나 때는'이라는 말을 꺼냈다간 꼰대 소리를 듣겠지만, 문득 내 어린 시절을 떠올려본다. 1남 4녀 중 넷째 딸로 태어난 나는, 위로 언니 셋과 남동생 사이에서 늘 관심밖에 머물러 있었다. 그럼에도 부모님과 선생님 말씀이라면 하늘처럼 여기며 따랐다. 선생님은 그야말로 그림자도 밟지 않는 존재였다. 선생님이 말씀하시면, 아무리 힘들고 어려워도 꼭 지켜야 하는 것이었다. 숙제도 꼬박꼬박하고, 자세도 반듯하게, 규칙도 잘 지키려 애썼다. 별것 아닌 선생님의 아주 작은 칭찬 한마디에도 온종일 마음이 들떴던 기억이 있다. 이제 시대가 바뀌었다. 우리는 연로한 부모님을 돌보며, 동시에 독립이 더디기만 한 자식들까지 챙기며 산다. '끼인 세대'다. 교사로서도 마찬가지다. 자신이 최고라고 여기는 요즘 아이들의 마음도 헤아려야 하고, 하나뿐인 귀한 자식을 학교에 보내는 학부모의 마음도 읽어야 한다.

요즘은 교사들 사이에서 권위적인 모습을 찾아보기 어렵다. 교사로서

대우받기보다 묵묵히 스승의 삶을 살아 내려는 동료들이다. 녹록치 않은 시대 흐름 속에서도 겉두리보다 본질에 대해 고민하고 행동하는 동료들을 보며 존경심이 든다. 나도 힘들 때면 자문해 본다. '나는 어떤 교사로 살아가야 할까?'

나는 아이를 있는 그대로 바라보는 교사가 되고 싶다. 나 자신을 있는 그대로 받아들이듯, 한 아이 한 아이를 그렇게 바라보려 한다. 선생님이라는 호칭보다 '쌤'이라는 말이 더 익숙한 도윤이를 이해하려 노력한다. 실수가 잦지만, 고치려 애쓰는 모습이 기특하다. "하기 싫어요, 안 해요."를 자주 말하는 준서는 자기표현이 분명한 아이다. 자신이 좋아하고 잘하는 일을 할 때면 누구보다 밝고 명랑하며, 숨겨진 재능도 드러낸다. 의도적으로 나쁜 마음을 품고 행동하는 아이는 없다. 아이를 나의 기준으로 재단하지 않고, 있는 그대로 바라보면 예쁘지 않은 아이가 없다.

나는 아이들의 작은 가능성도 알아봐 주고, 키워 주는 교사가 되고 싶다. 예린이는 역사 이야기를 할 때면 눈이 반짝인다. 끊임없이 질문하고, 역사 속 전쟁 이야기는 나보다 더 잘 안다. 영어 시간에는 손짓 발짓을 다 동원해 아메리카 대륙 발견에 대해 질문해서 원어민 선생님을 당황케 한 적도 있다. 가끔은 놀랍고 당황스럽기도 하지만, 예린이의 호기심이 꺾이지 않도록 응원하고 싶다. 예린이를 바라보고 있으면 언젠가 역사 전문가가 되어 있을 것만 같다. 역사에 관해서 예린이는 어디서든 최고다.

나는 긍정적이고 따뜻한 말로 아이들의 마음을 움직이는 교사가 되고 싶다. 아이들 앞에 설수록 절감하는 것이 있다. 교사는 말을 잘해야 한다. 옛말에도 '말 한마디로 천 냥 빚을 갚는다' 하지 않았던가. 교사의 말 한마디는 아이의 기분을 좌우하고, 말과 행동을 바꾸기도 하고, 때론 미래를 꿈꾸게도 한다. 아이의 장점과 칭찬거리에 진심을 담은 한마디는 아이들을 춤추게 한다. "지호야, 오늘 네가 책을 읽어 주니 귀에 쏙쏙 들어오고 이야기가 더 재미있었어." 이런 말을 자주 해 주었더니 지호는 책을 더 자주 읽었다. 더듬거리며 읽던 책이 이제는 제법 속도를 내며 정확하게 읽는다. 시기적절한 한 마디는 아이를 변화시킨다. "이렇게 어려운 것도 끝까지 해내다니, 선생님 마음이 다 뿌듯해.", "고마워.", "다시 해 보자.", "나도 사랑해." 진심을 담아 건넨 말들을 들으며 아이들은 자란다. 화초에 물을 주고, 영양분을 보태듯, 교사의 다정한 말을 들으며 아이는 튼튼하게 자란다.

진심만 통하면, 아이들이 '쌤'이라 부르든, '선생님'이라 부르든 상관없다는 동료들도 있다. 그리고 보면 나도 조금 예민한 사람인가 보다. 아이들과 함께하다 보면 감정이 널뛰기한다. 20년 넘게 교직에 있어도 평정심이 유지되지 않는 걸 보면, 나도 교사이기 전에 작은 한 사람일 뿐이다.

'기분을 관리하면 인생이 관리 된다'는 말이 있다. 아이들 곁을 지키다 보면 다정하고 달콤한 일도 많지만, 실망스럽고 가슴 아픈 일도 있다. 이 또한 삶의 한 부분이라 생각하고 흘려보내려 한다. 힘들 때면 초심으로 돌아간다. 그토록 원했던 아이들과 함께 하는 일상을 살고 있음에 감사한다. 내가 그려온 교사의 본질을 생각한다. 아이를 있는 그대로 바라보는 교사, 작은 가능성도 알아봐 주고 키워 주는 교사, 긍정적인 말로 마음을 따뜻하게 격려하는 교사로 살아가려 한다. 여전히 실수 많고 부족하지만, 오늘도 나는 최선을 다한다. 내 어깨를 두 손으로 토닥토닥해 준다.

우리 반 알림장

✏️ 오늘의 문장

아이를 있는 그대로 바라보는 교사, 작은 가능성도 알아봐 주고 키워 주는 교사, 긍정적인 말로 마음을 따뜻하게 격려하는 교사로 살아가려 합니다.

☕ 오늘의 생각

학창 시절 기억에 남는 선생님을 떠올려 보세요.
어떤 기분이 드나요?
내가 바라는 선생님은 어떤 모습이었으면 하나요?

_____

_____

_____

_____

_____

예쁘지 않은 꽃은 없다

협동화 그리기 시간을 가졌다. 우리 반 아이들은 색칠하기를 좋아한다. 우리 아이들뿐만 아니라, 대부분의 아이들은 알록달록한 펜으로 색칠하는 걸 좋아한다. 선생님이 나눠주는 도안에 각자 개성을 담아 색을 입히고, 그것들을 합체시키면 생각지 못한 멋진 작품이 완성된다. '따로 또 같이'의 재미와 성취감이 있다. 아이들은 각자 색칠하면서도 어떤 합작품이 될지 기대에 부푼다. 중간중간 그림을 맞춰 보며 수수께끼를 풀듯 완성해 간다. 그러다 보면 '우리는 하나'라는 동질감마저 생긴다.

예린이는 수학 시간에 힘들었는데, 색칠하면서 머리도 맑아지고 기분이 좋아졌다고 했다. 예쁜 마카펜으로 색칠하면 스트레스가 확 풀린단다. 많은 아이들에게 미술 시간은 머리를 비우는 시간, 스트레스를 푸는 시간, 힐링하는 시간이다.

이렇게 즐거운 시간, 예린이와 민서 사이에 작은 실랑이가 벌어졌다. 민서는 협동화의 배경색을 모두 같은 색으로 통일해야 한다고 주장했다. 자신이 먼저 배경색을 하늘색으로 칠하고 있으니, 다른 친구들도 하늘색으로 맞춰야 한다는 것이다. 예린이는 왜 꼭 그래야 하냐며, 자신이 좋아하는 색으로 칠하고 싶다고 했다. 그러고는 바로 샛노란 색 마카펜을 꺼내 바탕을 이리저리 칠하기 시작했다.

민서의 목소리가 커졌다. "배경이 하늘이니까 하늘색으로 칠하는 게 맞잖아! 너는 왜 마음대로 노란색으로 칠하는 거야!" 예린이도 투덜거렸다. "언니가 우리한테 의견도 안 물어보고 먼저 하늘색으로 칠했잖아!" 두 아이 모두 속상해 죽겠다는 듯 목소리가 높아졌다. 지호와 서연이는 둘의 대화에 끼지도 못한 채 걱정스러운 표정으로 바라만 보고 있었다.

가만 들어 보니, 아차 싶었다. 아이들이 잘할 거라 생각하고, 충분한 사전 지도를 하지 않았다. 협동화를 시작하기 전에 배경색에 대해서도 함께 의견을 나눴어야 했다. 배경을 통일할 것인지, 통일한다면 어떤 색으로 할 것인지, 혹은 각자 원하는 색으로 색다르게 표현해 볼 건지에 대해 이야기했어야 했다. 익숙한 활동이라고 방심했지만, 아이들의 기분과 상황은 매번 다르다. 교실 활동은 늘 여러 가지 변수를 고려해야 한다. 내 불찰이었다.

아이들과 진지하게 이야기를 나눴다. "선생님이 배경색에 대해서도 충분히 의견을 나눴어야 했는데, 미안해. 이 상황에서 우리가 어떻게 하면 좋을까?" 지호가 말했다. "벌써 하늘색이랑 노란색을 칠해 버렸잖아요. 그러니까 이번에는 배경을 여러 가지 색으로 해 보면 좋을 것 같아요." 다행히 지호가 좋은 의견을 냈다. 팽팽하게 대치하던 예린이와 민서도 그 말에 수긍했다. 아이들은 다시 협동화 색칠에 집중했다. 진한 파랑, 민트, 연한 하늘, 샛노랑 등, 배경색이 다양해졌다. 각자 완성한 그림 여덟 장을 합체했다. 와! 각양각색의 알록달록한 배경에 봄꽃들이 화려하게 웃고 있었다. 의외의 멋진 조합에 아이들이 발까지 구르며 좋아했다. 서로 하이파이브를 하며 멋진 협동화 완성을 축하했다.

우리 반은 알림장 쓸 때마다 첫 줄에 '고미사축'을 적는다. '고미사축'은 '고마워, 미안해, 사랑해, 축하해'의 줄임말이다. 나는 알림장 검사할 때 아이들이 쓴 '고미사축' 문장을 유심히 읽는다. "예린아, 미안해. 물어보지도 않고 내가 먼저 하늘색으로 칠해서 기분 상하게 해서 미안해. 다음부터는 칠하기 전에 먼저 물어볼게." 민서는 진심을 담아 예린이에게 미안한 마음을 알림장에 적었다. "민서 언니, 오늘 고마워. 내가 칠한 색이 샛노란 색이라 많이 튀었는데, 오히려 더 멋진 협동화가 되었다고 말해 줘서 고마워." 예린이도 언니에게 고마운 마음을 기록으로 남겼다. 우리 반의 규칙 중 하나는, 알림장에 적은 '고미사축' 내용을 꼭 말로도 표현하는 것이다. 민서가 예린이에게 다가가 "미안해." 말했다. 예린이도 "언니, 나도 미안해. 그리고 고마워." 금세 웃음보가 터졌다. 평소처럼 민서가 예린이를 꼭 안아 주었다. 한번 터진 웃음이 멈추질 않았다. 알림장 확인란에 제일 예쁜 도장을 골라서 꾹꾹 찍어 줬다. "참 잘했어요." 아이들은 금세 화해하고, 안아 주고, 언제 그랬냐는 듯 다시 잘 놀았다.

   교육활동은 계획대로만 이루어지지 않는다. 익숙한 대로 흘러가는 것도 아니다. 오히려 예상치 못한 변수가 자주 생긴다. 그럴 때마다 갈등이 발생하고, 교실 속 관계의 갈등은 교사를 당황하게 만든다. 상황을 수습하는 과정이 쉽지만은 않다. 교사 스스로 제대로 잘하고 있는지 의심하게 된다. '이렇게 했어야 했는데.' 라는 후회와 자책이 밀려온다. 갈등은 끝이 없다.

   돌아보면, 언제나 아이들이 최종 해결의 열쇠를 쥐고 있었다. 아이들은 좌충우돌하면서 가장 좋은 방법을 찾아간다. 교사가 조금만 조언해 주고, 믿어 주고, 기다려주면 스스로 답을 찾아간다. 완벽하지 않아도 아이들은 갈등 속에서 존중과 배려, 양보를 배운다. 나 또한 실수와 실패를 경험하며 아이들을 이해하고, 조금씩 노련한 교사로 성숙해 간다.

   아이들도, 우리네 인생도 갈등의 연속이다. 호들갑 떨지 말고 여유로운 마음으로 넉넉하게 품으면, 아이들도 우리 삶도 멋진 작품으로 빚어져 간다. 중요한 건 포기하지 않는 마음이다. 사랑을, 믿음을, 교육을 포기하지 않는 것이다. 나부터 일상 속 작은 변화와 성숙을 기대하며, 오늘 하루도 감사한 마음으로 살아가려 한다.

'예쁘지 않은 꽃은 없다'라는 제목으로 봄꽃 협동화가 게시판에 붙어 있다. 갈등 속에서도 성장하고 있는 우리 아이들 한 명 한 명의 모습이 보인다. 예쁘지 않은 아이가 없다. 교실을 반짝반짝 빛나게 하는 협동화 덕분에 구름 낀 날도 교실이 환하다. 교실에 들어설 때마다 미소가 번진다. 갈등 끝 멋지게 완성한 협동화가 고맙다.

우리 반 알림장

✏️ 오늘의 문장

아이들도 우리네 인생도 갈등의 연속입니다. 호들갑 떨지 말고, 여유로운 마음으로 넉넉하게 품으면, 아이들도 우리 삶도 멋진 작품으로 빚어져 갑니다.

☕ 오늘의 생각

갈등 속에 있다가 해결된 경험을 떠올려 보세요.
어떤 일이 있었나요?
갈등을 거치며 나의 어떤 부분이 성장했나요?

_____

_____

_____

_____

_____

그저 피는 꽃은 없다

주말을 보내고 들어선 교정은 벚꽃들의 향연이다. 죽은 고목처럼 겨우 내내 우두커니 서 있던 나무였다. 어느새 가지마다 작고 가느린 하얀 꽃잎을 팡팡 터뜨렸다. 자연의 생명력에 감탄하게 된다. 지난주 금요일에 한껏 날아오르기 위해 빵빵하게 몸을 부풀렸던 자목련은 주말 동안 영하로 내려간 반짝 추위 때문인지 볼품없이 누렇게 시들어 버렸다. 벚꽃은 절정을 자랑하고 있고, 자목련은 일장춘몽을 서글퍼 하는 듯하다. 웃어야 할지, 울어야 할지! 마음을 다독여 본다. '내년에 다시 피어나면 되지, 그때는 자목련도 건강하게 오랫동안 피어나면 되지.' 그렇게 위로했다.

교정의 모습이 각양각색이듯 주말을 보내고 새로운 월요일을 맞이한 교실의 모습도 천차만별이다. 복도가 시끄러워 나가 봤더니, 소화기에서

뿜어져 나온 분말 가루가 이리저리 날리고 있었다. 지켜보고 있던 아이들은 도윤이를 지목하고 있었다. 도윤이는 그냥 지나가다 슬쩍 만지기만 했는데 이렇게 되었다고 한다.

지난주에는 1학년 동생에게 큰 소리로 놀라게 해서 지도를 받았던 도윤이다. 담임 선생님은 도윤이와 연관된 일이 또 일어나자 표정이 좋지 않다. 지켜보던 나도 금방 드는 생각은, '또?' 하는 마음이었다. 반복된 실수를 저지르는 도윤이에게 그런 생각이 드는 것은 자연스러운 일인지도 모른다. 전교생이 몇 명 안 되다 보니 모두가 우리 반 내 새끼처럼 생각하고 대하게 된다. 서둘러 옆 반 선생님과 함께 바닥을 밀대로 여러 번 닦아 냈다. 아마도 도윤이는 담임 선생님과 오늘도 진지하게 상담할 것이다.

교실에 돌아와 앉았는데, 도윤이의 마음이 어떠했을까 떠올려 보았다. 작년에 도시 학교에서 전학 왔다. 거리낌 없이 표현 잘하고, 쉴 새 없이 종알종알 말도 잘 건네는 아이였다. 생활하다 보니, 담임 선생님도, 같이 생활하는 반 친구들도 힘들어하는 일들이 종종 생겼다. 영어 캠프로 함께 했던 도윤이는 나에게 있어서도 손이 조금 더 가는 아이였다. 도윤이와는 배려와 존중이 왜 필요한지, 경청이 얼마나 중요한지, 공동체 생활에 필요한 태도가 어떤 것들이 있는지 자주 나눠야 했다.

아침에 만난 꽃들과 도윤이가 오버랩 되었다. 벚꽃이 그저 피었겠나? 학교 시설을 돌봐주시는 분의 부지런한 손길이 있었다. 겨울방학 때도 화단과 운동장 주변의 나무들을 둘러보시고 눈길 손길을 주시던 장면이 기억난다. 겨울에 뭐 할 것 많다고 저렇게 꼼꼼히 둘러보시나 했다. 마르고 땡땡하게 얼어붙은 것 같은 화단에서도 돌을 고르고 계셨다. 나무마다 가지치기를 꼼꼼히 하시던 모습도 생생하다. 그런 정성 덕분에 꽃들이 피어났다. 눈, 비, 바람, 햇빛, 공기, 기온의 변화. 이 모든 자연의 숨결들 덕분에, 꽃들이 피어났다. 자목련이 저렇게 힘없이 쓰러진 건, 느닷없는 불청객 서리 때문이었다. 때에 맞는 자연의 꿈틀거림이 중요하다. 그저 피는 꽃은 없다.

도윤이도 이제 곧 피어날 꽃이다. 주변의 딱딱하게 굳은 선입견의 돌들, 나부터 치워야 한다. 삐죽빼죽 제멋대로 자란 가지도 천천히 하나하나 가르치며 잘라 줘야 한다.

매화꽃을 가꾸시는 분께 들은 말이다. 매화나무 가지치기할 때 모두가 똑같이 하면 안 된다고 한다. 그 나무가 매실 열매를 보기 위한 나무인지, 꽃을 보기 위한 나무인지 결정한 후, 그것에 맞게 가지치기해야 한다. 열매를 위한 매화나무의 경우 낮게 옆으로 자라도록 가지치기를 해주어야 한다. 꽃을 보기 위한 가지치기는 나무가 위로 높이 자라도록 손을 본다. 매화나무도 그 용도에 맞게 가지치기해야 제대로 자란다. 도윤이도 자라온 환경, 심리, 특성, 개성에 맞게 조심스럽게 가지치기해야 한다. 자주 관심 가지고 믿음의 눈빛으로 바라보고, 신뢰의 토닥임으로 어루만져 주어야 한다. 도윤이는 이곳에 참 잘 왔다. 담임 선생님은 물론이고, 모든 선생님이 도윤이에게 부담스럽지 않은 다정한 관심을 자주 건네준다.

매화나무는 3분의 2가 썩어도 새순을 스스로 내며 살아남으려 몸부림친다고 한다. 어김없이 봄이 되면 죽은 나무에서 화들짝 새 가지가 돋아나고 꽃을 피운다. 절대 포기치 않는 매화나무가 그렇게 기특할 수 없다고 한다. 꽃을 피워 보기도 전에 '나는 할 수 없다, 나는 안 된다, 나는 포기한다.'를 말하는 아이들이 있다. 거의 썩은 매화나무에서도 새순이 돋고 꽃이 피어나는데, 활짝 피지 않을 아이들은 한 명도 없다. 다만, 저마다의 시간에 저마다의 모양으로 피어날 뿐이다. 언제 피어나든 예쁘지 않을 꽃은 없다. 아이들은 모두 다 예쁘게 피어날 것이다.

나는 감사하게도 예쁜 꽃들에 둘러싸여 꽃을 가꾸는 삶을 살아가고 있다. 모든 것이 그러하듯 꽃을 가꾸는 일상이 항상 좋기만 하겠는가? 때로 1년 내내 정성 들여 가꾸었건만, 도대체 꽃봉오리조차 보이지 않을 때도 있다. 그런 때는 자괴감과 자책으로 우울해지기도 한다. 하지만 알고 있다. 죽어 있는 게 아니라 곧 깨어나기 위해, 피어나기 위해 부풀어 오를 준비를 하고 있다는 것을. 실망하지 않는다. 기다려야 할 때, 천천히 가야 할 때임을 알기 때문이다.

꽃을 가꾸는 일은 실망과 좌절보다는 설렘과 기대, 즐거운 일이 더 많다.

"선생님, 저 이제 이거 할 수 있어요." 꽃이 빵 터졌다.

"선생님, 저 소질 있나 봐요. 재밌어요." 꽃이 화들짝 피었다.

"선생님, 가르쳐 주셔서 감사합니다. 더 해 보고 싶어요." 꽃이 방긋방긋 웃었다.

아이들만 피어나겠는가? 덩달아 내 인생도 매일 피어난다. 무슨 복인가 싶다. 꽃을 돌보고 가꾸며, 나도 피어나는 인생. 교사이기에 맛볼 수 있는 감사한 일이다. 매년 새로운 아이들을 만나고, 저마다의 모습으로 피어나는 것을 지켜보며 보람의 꽃들이 하나둘 내 인생에 피어난다.

우리 반 알림장

✏️ 오늘의 문장

실망하지 않습니다. 기다려야 할 때 천천히 가야 할 때임을 알기 때문입니다.

☕ 오늘의 생각

요즘 여러분의 일상을 돌아보세요.
기분이 어떤가요?
스스로 격려의 말을 건넨다면 어떤 말이 좋을까요?

_____

_____

_____

_____

_____

오늘도 교실은 맑음

속도보다 중요한 건 방향

지호 어머님께 전화가 왔다. "선생님, 오늘 면담 가능하실까요?"

지호 부모님은 입학 이후부터 등하교를 직접 챙기고 계신다. 동네에서 떨어진 곳에 집이 있다 보니 스쿨버스 타는 것도 번거롭다고 하셨다. 부모님은 지호를 매일 데려다주는 게 힘들지 않다고 하신다. 아침저녁으로 바람도 쐬고 학교의 생동감 넘치는 공기를 마실 수 있어 좋으시단다. 거의 매일 등하굣길에 마주치며 인사를 건넨다. 종종 소소한 안부를 나누기도 한다.

그날도 아침에 뵈었다. 그런데 갑자기 전화하셔서 진지한 말투로 면담을 요청하신다. 무슨 일일까 싶었다. 학부모 상담 주간에도 "늘 얼굴 뵙는데 따로 상담할 게 있겠습니까." 하시던 어머님이셨기에 더욱 의아했다.

그날 오후, 두 분이 함께 교실로 오셨다. 미리 준비한 따뜻한 율무차 두 잔을 내어놓았다. 율무차 컵을 두 손으로 감싸는 어머님의 얼굴이 상기되어 보였다. 어제 전화 한 통을 받으셨다고 한다. 지호 공부를 잠시 봐주게 된 분인데, 지호가 큰일 났다고 했단다. 다른 아이들과 비교해서, 많이 뒤처지니 앞으로 신경 더 써야 한다고 심각하게 말했단다. 그러면서, 이것저것 자세한 프로그램까지 소개하며, 바로 신청하고 시키라고 조언했다고 한다. 부모님은 지호가 또래에 비해 느린 줄은 알고 있었지만, 막상 그런 말을 들으니 불안이 밀려왔다고 했다. 지호의 수준이 진짜 어느 정도 되는지 궁금하고, 앞으로 어떻게 지도해야 할지 상담하고 싶다고 했다.

지호는 두 분이 늦게 얻은 귀한 아들이다. 늦은 나이에 결혼하여 기적처럼 찾아온 늦둥이 아들이었다. 유치원에 다녀야 할 시기에는 코로나 때문에 한 달 정도 다니다 집에서만 지냈다고 한다. 집이 시골 동네 외딴곳에 있다 보니 주변에 함께 놀 친구도 없었다. 초등학교 입학하기 전까지 집에서만 지냈다. 할머니 할아버지도 계신 대가족 안에서 사랑 많이 받으며 자랐다. 건강하게 자라는 것만으로도 감사하며 키웠다고 한다. 그러던 지호가 초등학교에 입학했다. 한글을 빨리 깨우치지 못해도 하나씩 알아가고 있으니 다행이라 생각했다. 수학 연산을 빠르게 못 해도 꼼지락꼼지락 애쓰는 모습만으로 기특했다고 한다. 하루 종일 학교에서 공부했는데, 집에서만큼은 마음껏 놀게 해 주고 싶었다고 한다.

그런데, '느리다. 조금씩 향상되고 있다'라는 말도 아니고, '지호가 큰일 났다'라는 말을 들었으니 얼마나 불안했겠는가! 상기된 표정으로 불안한 가슴을 안고 온 부모님이 이해되었다. 나도 부모 된 마음으로 어떤 심정일지 충분히 와닿았다. 다른 아이들과 비교하는 순간부터 부모는 불안해진다. 옆에서 누군가가 큰일 났다고 하는데, 불안하지 않을 부모가 어디 있겠는가.

지호는 부모님이 끔찍이 여길 수밖에 없는 사랑스러운 아이다. 얼마나 착한지 친구들과 다툰 적이 한 번도 없다. 형, 누나들도 잘 따라서 모두가 지호를 귀여워하고 좋아한다. 말도 예쁘게 한다. 무슨 말을 할 때면, 언제나 진지하다. 눈을 동그랗게 뜨고 유심히 쳐다보며, "왜 그런 줄 아세요?" "일단은요." 하며, 지호가 말할 때면 자꾸 듣고 싶어진다. 할아버지, 할머니와도 친하게 지내다 보니 "할배가요, 할매가요." 하는 말들도 정겹다. 수업 중에는 자세도 바르고 공부하는 태도도 좋다. 집중을 잘한다. 학급에서 협력해서 과제 수행도 잘한다. 맡은 것에 책임감이 있어 최선을 다하려고 노력한다. 가정에서 적절한 훈육과 함께 사랑받고 자란 아이라는 걸 단번에 느낄 수 있다. 단지, 지호는 읽기 영역에서 조금 천천히 가고 있을 뿐이다. 수학은 잘 따라온다. 친구, 동생, 형, 누나들과 관계도 좋다. 자기 물건도 잘 챙긴다. 할 말 똑 부러지게 잘하고, 감정 표현에 스스럼이 없다. 예의도 잘 지킨다. 맡은 일에 책임감을 가지고 성실히 수행한다. 한마디로, 지호는 학교생활을 무척 잘하고 있다.

지호가 잘하고 있는 점들, 열심히 노력하고 있는 부분들을 부모님과 나눴다. 지금까지 비교하지 않고 지호 자체를 소중히 여기고 사랑으로 키워 오신 부모님의 훌륭한 모습에 고마운 마음을 전했다. 이야기를 나누다 보니, 조금 전까지 불안의 그림자가 짙게 깔렸던 어머니의 표정이 조금씩 풀렸다. 그리고 앞으로도 매일 지호와 함께 책을 읽어 주고, 지호 스스로 큰 소리로 책 읽기를 꾸준히 할 수 있도록 격려해 주기로 약속했다. 어머님은 숙제도 좀 더 관심 갖고 챙기겠다고 말씀하셨다.

아이들을 믿고 잘 기다려주다가도, 남의 말 한마디에 쉽게 요동치는 것이 부모의 마음이다. 부모가 흔들리면 아이는 혼란스러워진다. 부모의 불안은 아이에게 고스란히 전달된다. 부모의 스트레스가 아이를 힘들게 한다. 아이마다 잘하는 것이 다르고, 속도가 다르다. 비교하지 말고 내 아이 속도에 맞추어 가다 보면 조금 느린 듯해도 잘 자라 간다. 다른 아이 속도에 우리 아이를 억지로 맞추려 할 때 문제가 생긴다. 아이가 올바른 방향으로 잘 가고 있는지를 살피는 것이 훨씬 중요하다.

지금까지 내가 본 지호는 참 행복한 아이다. 남과 비교해서 주눅 들거나 '난 못해요.' 하는 말을 들어 본 적이 없다. 언제나 당당하고 자신감 넘친다. "제가 해 볼게요.", "다시 해 볼게요.", "할 수 있어요." 한다. 아이들의 평소 말 습관을 보면, 내면이 보인다. 지호는 자신감 있고 행복한 아이다. 부모님의 사랑이 아이 안에 고스란히 자라고 있다. 자칫 다른 사람의 말 한마디에 어머니가 흔들릴 뻔했다. 어머니는 지금까지 그러셨던 것처럼, 지호의 속도에 맞춰 잘 걸어가 주실 것이다. 매년 조금씩 성장해 온 지호가 학년을 마무리할 즈음엔, 또 얼마나 자라 있을까 기대가 된다.

그때는 어머니도 고백하실 것이다.
'잘 믿어 주었구나.'
'잘 자라고 있구나.'
'행복하게 잘 크고 있구나.'
'올해도 엄청 성장했구나!'
그렇게 뿌듯해하실 모습을 나는 믿는다. 나는 지호가 올바른 방향으로 잘 자라고 있다는 것을 믿는다. 어머니를 불안에 떨게 한 전화 한 통 덕분에, 어머니와 나는 더 깊이 연대 되었다. 인생, 길게 보면 속도가 아니라 방향이 중요하다.

우리 반 알림장

✏️ 오늘의 문장

아이마다 잘하는 것이 다르고, 속도가 다릅니다. 비교하지 말고 내 아이 속도에 맞추어 가다 보면 조금 느린 듯해도 잘 자라 갑니다.

☕ 오늘의 생각

어린 시절을 떠올려 보세요.
속도는 느렸지만 올바른 방향으로 꾸준히 나아간 경험이 있나요?
그런 경험이 당신을 어떻게 성장시켰나요?

_____
_____
_____
_____
_____
_____

신발장 바꾸는 날

 현관에 신발들이 줄 맞춰 서 있다. 헉! 얼핏 보아도 족히 오십 켤레는 되어 보였다. 어디서 이 신발들이 다 나왔을까? 학생용 신발장을 바꾸고 교사용 신발장도 바꾸는 중이었다. 새 신발장이 들어오기 전 기존의 신발장에 있던 신발들을 다 꺼내 놓은 상태다. 흰색, 검은색, 파란색 운동화들, 굽이 높고 낮은 구두들, 털 달린 방한용 실내화부터 구멍이 송송 난 여름 실내화까지 종류도 다양하다. 선생님들은 시간 날 때 내려와서 살펴보고 자기 것 챙기라고 방송했다. 주인 없는 신발은 이번 기회에 정리한단다. 잘 살펴보니 내 것도 네 켤레나 있다. 통굽 실내화, 겨울용 실내화, 운동화, 오늘 신고 온 구두까지. 솔직히 겨울용 실내화는 몇 번 신지 않았다. 지난해 12월에 몇 번 신고는 불편해서 계속 신발장에 둔 상태였다. 그저 신발장만 채우고 있었다.

선생님들이 한 분 두 분 오셔서 주섬주섬 본인 것을 챙겼다. 한 선생님은 신발 한 켤레를 들었다 놨다 하면서 요리조리 살펴보았다. "이게 내 것 맞던가? 맞는 것도 같고, 아닌 것도 같고." 한참을 고민했다. "어, 이게 여기 있었네. 없어진 줄 알았는데!" 하는 분도 있다. 선생님들이 거의 다 챙겼는데도 한 상자 분량의 주인 없는 신발들이 나왔다. 아직 더 사용할 수 있을 정도로 멀쩡한 것도 있다.

신발장 안에 들어가 있을 때는 알지 못했다. 이렇게 신발들이 그 속에 많이 있었는지. 내 신발이 몇 켤레 들어가 있는지, 안 신는 신발이 있는지, 주인 없는 신발이 몇 켤레나 있는지, 몰랐다. 가끔은 다 들어내고 정리하는 시간이 필요하다. 한꺼번에 다 꺼내 놓으면 그제야 알게 된다. '이렇게 많은 것을 가지고 있었구나. 사용하지도 않으면서 그냥 가지고 있었네. 버려야 하는 것도 많구나.' 알게 된다.

신발도 아이들도 그런 것 같다. 아이들 속에 뭐가 들어가 있는지 잘 모르고 소통하지 못할 때가 있다. 아이들이 자신을 드러내고 내면을 꺼내 놓으면 알게 된다. 이렇게 고민이 많구나. 이런 것들로 힘들어했구나. 버려야 하는 생각들도 많았구나. 그렇게 꺼내 놓고 바라봐 주고 들어주고 공감하면 아이들 마음이 정리된다. 아이들이 자주자주 내면을 꺼내 놓고 정리할 수 있도록 세심히 살펴야 한다.

창의적 체험활동 시간에 '내 마음 알아주고 보살피는 날' 수업을 했다. 아이들에게 마음 건강 질문 열 가지를 제시했다. 스스로 질문에 답해 보면서 내면의 생각들을 하나둘 끄집어냈다. 내 마음을 들여다보고 정리할 수 있는 시간이다. 다음과 같은 질문을 던졌다.

1. 오늘 내 마음은 어떤 색깔일까? 왜 그런 색일까?
2. 요즘 나를 웃게 만드는 일은 뭐가 있을까?
3. 내가 속상하거나 화가 날 때, 나는 어떻게 하고 싶을까?
4. 내가 가장 편안함을 느끼는 장소는 어디일까? 거기서 뭘 하고 싶을까?
5. 최근에 '도와줘서 고마웠다'라고 생각한 사람은 누구일까?
6. 오늘 내가 가장 자랑스러웠던 일은 무엇일까?
7. 요즘 나를 힘들게 하는 일이 있다면 무엇일까? 그걸 누구에게 말해 보고 싶을까?
8. 나는 내가 어떤 친구라고 생각할까?
9. 내 마음이 아플 때, 어떤 말이나 행동이 나를 위로해 줄까?
10. 내가 나에게 해 주고 싶은 말 한 가지는?

아이들은 연필을 꾹꾹 눌러가며 질문에 답했다. 어린아이들도 자기 마음을 알아주는 연습을 하면 마음이 건강하게 자란다. 평소 어떻게 표현할지 몰랐던 속마음을 건강하게 풀어낼 수 있다. 종이에 적으면서 나는 무엇을 좋아하고 힘들어하는지 선명해진다. 나를 소중히 여기는 마음도 생긴다. 적은 것을 친구와 나누면서 서로를 알아가고 이해하는 마음이 생긴다. 도와주고 싶은 마음도 생긴다. 어리지만 아이들은 생각보다 진지하다. 신발장을 비우고 깨끗이 정리하듯, 마음을 들여다보고 정리하고 비우는 시간이 꼭 필요하다.

삐거덕거리던 신발장은 치워지고 새 신발장을 들여놓았다. 덕분에 현관이 반질반질해졌다. 바뀐 신발장은 파란색과 하얀색이 조화를 이룬 원목 제품이었다. 현관을 들어서자마자 존재감이 느껴졌다. 신발장 문을 하나하나 열어 보니 새 이름표에 신발들이 가지런히 놓여 있었다. 모두 새것처럼 반짝였다. 여유 공간도 많아, 바라보기만 해도 시원하다. 새 신발장은 현관과 찰떡같이 어울렸다. 현관을 돋보이게까지 했다. 멀리서 봐도 빛이 났다. 신발을 넣고 꺼낼 때마다 기분이 좋다. 신발장 하나의 변신도 이렇게 큰 기쁨을 준다. 자주 정리해 주고 깨끗이 사용해야겠다.

우리 아이들 마음도 새 신발장처럼 자주자주 들여다보려 한다. 불필요한 감정은 오래 묵히지 않고 시원하게 비워 낼 수 있도록 도와주고 싶다.

혹시 마음 한구석에 상처를 품고 있지는 않은지, 관심 있게 바라보고 살펴보려 한다. 어른인 나도 자주 마음을 정리하고 비우는 노력이 필요하다. 나도 모르는 사이에 비교, 열등감, 자책, 미움, 질투, 욕심, 슬픔, 걱정 같은 감정들이 먼지처럼 마음에 내려앉는다. 자주 멈추고 비우고 간다. 다시 겸손해진다. 다시 사랑한다. 모든 감정을 꺼내 놓고, 많은 것을 버리고, 소중한 것만 가지런히 정리한다. 이 나이가 되어서도 매일 하게 되는 작업이다. 자주 비우고 정리하는 요즘, 하루하루 잘 살아 내고 있다.

우리 반 알림장

✏️ 오늘의 문장

자주 멈추고 비우고 갑니다. 다시 겸손해집니다. 다시 사랑합니다. 모든 감정을 꺼내 놓고, 많은 것을 버리고, 소중한 것만 가지런히 정리합니다.

☕ 오늘의 생각

잠시 마음을 들여다보아요.
꺼내 놓고 버리고 정리되어야 하는 부분이 있나요?

카네이션 꽃다발에 사랑을 싣고

　어버이날이 다가오고 있다. 받는 것에 익숙하고 당연하게 여기는 요즘 아이들이다. 어버이날은 그런 아이들에게 부모님의 은혜를 생각해 보고, 감사의 마음을 전하기에 좋은 날이다. 어버이날 그동안 모아둔 용돈에서 만 원을 선물한다는 아이가 있었다. 지난번 마트에 갔을 때 용돈으로 양말을 미리 샀다는 아이도 있었다. 그 마음 씀씀이가 얼마나 기특한지.

　그래도 어버이날 선물하면 빼놓을 수 없는 것은 아이들의 투박한 손으로 만든 감사 카드와 종이 카네이션이다. 나도 첫째 아이가 어린이집에서 만들었다며 내민 손때 묻은 카네이션을 잊을 수 없다. 둘째가 유치원 때 처음 건네준 삐뚤빼뚤 글씨로 쓴 카드도 영원히 내 마음속에 뚜렷하게 간직하고 있다. 아이들이 직접 만든 카네이션과 카드가 빠진 어버이날은 상상하기 힘들다. 앙꼬 빠진 찐빵이라고나 할까. 아무튼 어버이날이면 학급 행사로 감사 카드와 카네이션 만들기는 빠지지 않는다.

올해는 어떤 모양의 카드와 카네이션 만들기를 해 볼까 행복한 고민을 했다. 나는 부지런하고 아이디어가 넘치는 전국의 선생님들을 존경한다. 나는 업무에 허덕이고, 수업 진도도 늘 벅차다. 어린이날, 어버이날, 현충일…. 시기와 절기에 맞는 교육자료를 제때 준비하는 게 언감생심이다. 전국의 친절하신 선생님들의 자료 공유와 나눔 덕분에 다양한 자료를 활용할 수 있다. 선생님들의 공유 자료를 우리 아이들에게 맞게 수정하면 최고의 맞춤형 자료가 탄생한다. 이 자리를 빌려 선생님들께 감사의 마음을 전한다.

어버이날 만들기로 참고할 만한 자료들이 많았다. 그중 카네이션으로 가득 채운 꽃다발에 하트 모양 카드가 한 세트로 구성된 자료가 눈에 쏙 들어왔다. 우리 아이들에게 맞게 편집하고 수정했다. 아이들에게 자료를 소개했더니, 함성까지 지르며 좋아했다. 아이들의 의견을 반영하여 좋아하는 캐릭터로 부모님 얼굴도 그려 붙이기로 했다.

모든 것이 완벽하고 순조로워 보였다. 예린이가 책상에 엎드리기 전까지. 예린이의 카네이션 모양이 이상했다. 덧칠에 덧칠이 더해져 색깔은 거무죽죽해졌고, 모양은 비대하게 커졌다. "못생겨졌어요. 다 망했어요. 엄마 아빠께 제일 예쁘게 해드리고 싶었는데." 잘해 보려고 했는데, 손을 댈수록 더 이상해졌다고 한다. 울상이 되었다. 지호가 다가와 "예린아, 괜찮아. 다시 만들면 돼. 내가 빨리 하고 도와줄게!" 어깨를 토닥여주었다. 서연이는 "이쪽에 도화지 잘라서 덧대서 하면 될 것 같은데." 방법도 제안했다. 친구와 언니의 위로에도 예린이는 한동안 엎드린 채 꼼짝도 하지 않았다.

잠시 후, 예린이는 고개를 들어 꽃다발 여기저기를 살폈다. "선생님, 저는 카네이션 꽃다발 대신 효도 쿠폰 만들래요. 꽃다발에 카네이션 대신에 쿠폰을 만들어 하나씩 끼워 넣고 싶어요. 미니 카네이션도 그려 넣으면 돼요. 그렇게 만들어도 괜찮죠?" 카네이션 꽃다발 대신에 효도 쿠폰 다발이라니! 좋은 생각이라고 맞장구쳐 주었더니 예린이의 얼굴이 금세 환해졌다. 처음 시작할 때보다 더 기대에 찬 표정으로 다시 만들기를 시작했다. 도화지에 쓱쓱 네모난 쿠폰 7장을 그렸다. '안마 쿠폰 : 어깨와 팔, 다리까지 안마해 드립니다. 유효기간은 내년 5월 8일까지'. 한 장 한 장 진심을 담아 쿠폰을 만들었다. 쿠폰 한쪽에는 작고 귀여운 카네이션도 한 송이씩 그려 넣었다. 다른 아이들도 "나도 효도 쿠폰 만들어 넣을래!" 하며 예린이의 효도 쿠폰 다발을 부러워했다.

망쳤다는 생각을 떨쳐 버리고 예린이만의 멋진 효도 쿠폰 다발을 생각해 냈다. 예린이는 잠시 눈물이 났지만, 이내 생각을 고쳐먹었다. 그리고 어느 해 어버이날보다 멋진 선물을 준비했다. 마음을 다독이고 생각을 고쳐먹으니 더 멋진 일이 일어난 것이다. 예린이는 아마 깨달았을 것이다. 부모님을 기쁘게 해드리기 위해 좋은 일을 하고 있는데도, 마음먹은 대로 되지 않을 때도 있다는 것을 경험했다. 좋은 의도로 했지만 속상한 일이 갑자기 생길 수 있다. 하지만 마음을 다독이면 좋은 생각이 떠오르고 다시 할 수 있다는 것을 배웠을 것이다. 예린이는 앞으로도 실망의 순간이 와도 좋은 생각으로 잘 극복해 나갈 것이다.

작은 사건이 있었지만, 부모님을 생각하는 아이들의 마음이 감동이었다. 아이들은 엄마 아빠가 기뻐하는 모습을 상상하는 것만으로 행복해했다. 최고로 좋은 것을 드리고 싶은 것이 아이들의 마음이다. 가끔은 말썽쟁이가 되지만 아이들에게 부모님은 세상의 전부다.

예린이가 '못생겼어, 망쳤어'라고 실망할 때, 서연이가 예린이에게 해 준 말이 참 예뻤다. "좀 망쳤지만, 엄마는 네가 그걸 가지고 가서 드리기만 해도 좋아하실 거야. 너무 속상해하지 마."라고 했다. 스치듯 한 말인데, 내 마음에는 오랫동안 남았다. 서연이는 엄마에 대한 무한한 신뢰가 있었다. 정성을 다해 가지고 가면 엄마는 무조건 좋아하신다는 생각. 완벽하게 하지 못해도 엄마는 다 받아 주실 거라는 생각. 이렇게 긍정적으로 생각하는 서연이가 보는 세상은 사랑과 평화로 가득할 것이다. 서연이가 무심코 들려준 말이 예린이의 마음을 바꾸었을지도 모른다.

예린이가 힘들어할 때 도와주려는 아이들은 얼마나 예쁜지! 누구 하나 "망쳤네. 안 되겠는걸. 포기해야겠다." 하는 아이가 없었다. "도화지 덧대보자.", "리본으로 감춰 보는 건 어때.", "내가 도와줄게. 다시 해 보자." 말해 주는 아이들이었다. 이 아이들이 내 새끼들이다. 기분이 좋다.

실패처럼 보이는 순간에도 좋은 생각으로 바라보면 새로운 길이 보인다. 일상에서는 항상 크고 작은 실수와 실패를 경험하게 된다. 지금처럼 생각을 바꾸면 실수를 통해 더 좋은 방법을 발견하게 된다. 실패를 통해 아이들은 한 뼘 성장한다.

생각은 중요하다. 똑같은 상황도 누군가에게는 실패로, 또 다른 누군가에게는 좋은 기회로 보인다. 어떤 상황도 좋은 생각으로 재해석할 수 있다. 최고의 기회로 만들 수 있다. 카네이션 꽃다발만큼 멋진 효도 쿠폰 다발을 생각해 낼 수 있다. 좋은 생각은 우리 삶을 행복하게 만드는 선물 같은 존재다. 예쁜 생각 하며 완성한 어버이날 선물이 집집마다 잘 배달되었으리라.

우리 반 알림장

✏️ 오늘의 문장

생각은 중요합니다. 똑같은 상황도 누군가에게는 실패로, 또 다른 누군가에게는 더 좋은 기회로 보입니다. 어떤 상황도 좋은 생각으로 재해석할 수 있습니다.

☕ 오늘의 생각

기억에 남는 어버이날을 떠올려 보세요.
어떤 마음을 나누고, 어떤 선물을 주고받았나요?

_____
_____
_____
_____
_____
_____

AI 시대 인간미 넘치는 아이들

"선생님, 이거 진짜 재밌어요!"

예린이와 지호는 게임기를 들고 달려왔다. 물속을 헤엄치는 고리들이 버튼을 누를 때마다 퐁퐁 튀어 오른다. 둥근 기둥에 정확히 끼워질 때마다 함성을 질렀다. 디지털 시대에 어울리지 않을 것 같은 '고리 넣기 워터 게임기'. 하지만 작은 아날로그 게임기는 아이들에게 생각보다 큰 즐거움을 안겨주었다. 게임기는 아침 공책을 50일 동안 꾸준히 써 온 보상으로 받은 상품이었다.

오늘의 명언 필사, 감사 쓰기, 아침 10분 독서 기록, 오늘의 다짐으로 구성된 '아침 공책'을 매일 아침 썼다. 학교에 도착하자마자 실천하는 아침 활동이다. 처음엔 습관 들이기가 쉽지 않았다. 감사한 일을 쓸 때는 고민만 하다 한참을 보내기도 했다. '월요일이라서 감사합니다.', '화요일이라서 감사합니다.'라고 적는 아이도 있었다. 그러나 시간이 쌓여가며 아이들의 감사 문장도 풍성해지기 시작했다. '일찍 일어나서 기분이 좋았는데, 아빠가 칭찬해 주셔서 감사합니다.', '교실에 들어올 때 민서가 반갑게 인사해 줘서 감사합니다.', '엄마가 미역국 끓여 줬어요. 생일이어서 감사합니다. 엄마가 저를 낳아줘서 감사합니다.', '어제 친구가 우산 같이 쓰고 가자고 해서 감사합니다.' 아이들의 감사 문장이 다채로워졌다.

아침 10분의 독서는 꽤 많은 책을 읽게 했다. 오늘의 다짐을 쓰며 힘차게 하루를 시작했다. 이렇게 아침 루틴을 50일간 꾸준히 지키며 조금씩 성장해 왔다. 나는 아이들의 꾸준한 노력을 특별한 것으로 칭찬하고 싶었다. 그래서 상품으로 준비한 것이 '고리 넣기 워터 게임기'였다.

쉬는 시간마다 옹기종기 모여 게임기를 갖고 놀았다. 자기들끼리 게임 방법도 여러 가지 개발했다. 모든 고리를 빨리 기둥에 넣기 게임, 한 번에 두 개 세 개 네 개 먼저 넣기 게임, 1대 1 경기, 2대 2 경기. 아이들은 놀이 천재들이다. 금방 재미난 놀이를 만들어 냈다. 온라인 게임에 익숙한 아이들이 과연 좋아할까 나의 조심스러웠던 걱정과는 달리 '고리 넣기 게임기'를 좋아했다. 자신들의 노력으로 받은 상품이니 소중했으리라. 한편, 평소 접해 보지 않은 아날로그 게임기니 신기하기도 했을 것이다.

50일 아침 공책 기록 상품으로 아날로그 게임기를 준비할 때 내 마음에 사심 가득 기대하는 것들이 있었다.

첫째, 휴대폰 게임에 빠져있는 요즘 아이들에게 조금이라도 새로운 세상을 보여 주고 싶었다. 아이들은 체육 시간, 창체 시간을 통해 몸으로 하는 다양한 활동과 놀이를 한다. 몸을 움직이고 서로 부대끼며 함께 하는 활동들을 아이들은 무척이나 좋아한다. 간혹 어른들은 생각한다. 아이들이 컴퓨터나 휴대폰 게임을 무조건 좋아한다고. 사실 아이들은 함께 뛰어놀며 온몸으로 노는 놀이를 더 좋아한다. 다만 그렇게 놀 수 있는 환경이 만들어지기 힘들 뿐이다. 모두가 휴대폰을 갖고 노는 시대, 함께 모여 노는 것보다 앉아서 공부하는 게 우선시되는 환경에서 아이들이 할 수 있는 건 온라인 세상 속 게임이 되기 쉽다. 나는 아날로그 게임기를 쥐여 주며 잠시라도 휴대폰을 손에서 놓기를 바랐다.

둘째, 빠르게 급변하는 시대, 우리 아이들에게 느리고 단순한 삶의 소중함을 느끼게 하고 싶었다. 빠른 속도로 우리 삶에 AI가 파고들었다. 뭐든 쉽게 검색되고, 뚝딱 만들어지는 시대다. 천천히 생각하고 깊이 돌아보지 않아도 뭐든 가능할 것만 같은 시대다. 하지만, AI가 해결해 줄 수 없는 것들이 있다. 빠르고 분주하게 살다 길을 잃어버렸을 때 언제든 가서 편안하게 기댈 수 있는 조용하고 단순한 세상이 옆에 있음을 가르쳐 주고 싶다. 때로는 빠르게 성취하는 것보다, 느리더라도 천천히 걸어가며 살아 있는 주변을 둘러보는 순간들이 더 소중하고 의미 있다는 것도 알았으면 좋겠다.

나는 디지털 다이어리보다 느리지만 아날로그 다이어리 쓰기를 선호한다. 디지털 다이어리와 비교할 수 없는 다정함과 따뜻함이 있다. 디지털 다이어리는 언제 어디서든 휴대폰 하나만 있으면 쉽게 활용할 수 있다. 일정을 확인하고 효율적으로 움직이도록 만들어 준다. 하지만 내 마음은 만져 주지 못한다. 나는 어디를 가든 가방에 다이어리를 넣어 다닌다. 집에서도 항상 옆에 둔다. 분주하게 돌아가는 삶에 다이어리가 멈춤을 선물한다. 펜을 꺼내 끄적이다 보면 그렇게 바쁘게 살지 않아도 괜찮다고 말해 주는 듯하다. 느리게 살아도 괜찮다. 지금 이 순간이 소중하다고 가르쳐 준다. 다이어리를 펼쳐, 지난 시간 나의 짧은 글과 메모들을 보고 있으면 마음이 차분해진다. AI는 절대 흉내 내지 못하는 아날로그 다이어리의 평안함과 다정함이다. 아이들도 때때로 아날로그의 다정함이 필요하다.

셋째, 매일 아침 루틴을 이어 간 성실한 아이들을 색다르게 칭찬하고 싶었다. 칭찬 상품으로 특별한 것을 주고 싶었다. 아이들이 예상치 못한 상품, '고리 넣기 워터 게임기'는 다행히도 인기 만점이었다. 다음 선물을 기대하며 100일을 향해 오늘도 아침 공책 루틴을 이어 가는 아이들 모습이 예쁘다.

아날로그 작은 게임기에 심어둔 나의 작은 바람들이 아이들의 삶에 조금이라도 녹아들었으면 좋겠다. AI로 둘러싸인 시대를 살아가더라도 인간미 넘치는 아이들로 자라났으면 좋겠다. 나를 사랑하듯 친구를 소중히 여기는 아이, 작은 도움의 손길에도 감사할 줄 아는 아이, 나도 힘들지만 잠시 멈춰 넘어진 친구 손잡아 주며 함께 걸어가는 아이, 혼자서도 잘 살아가지만 함께라서 더 행복한 아이, 사계절 자연의 아름다움에 눈물 훔치며 감동할 줄 아는 아이로 자라났으면 좋겠다.

우리 반 알림장

✏️ 오늘의 문장

AI로 둘러싸인 시대를 살아가더라도 인간미 넘치는 아이들로 자랐으면 좋겠습니다. 나를 사랑하듯 친구를 소중히 여기는 아이로 자랐으면 좋겠습니다.

☕ 오늘의 생각

AI 시대 여러분의 삶을 돌아보세요.
인간미 넘치는 다정함을 느끼는 순간은 언제인가요?

_____

_____

_____

_____

_____

_____

4교시

아이들,
믿는 만큼 자랍니다

아이들은 믿고 맡기면 더 잘합니다.
스스로 뭔가를 해낼 수 있는 존재라는 걸 경험합니다.
아이들에게 관심 어린 시선을 놓치지 않되,
조금 멀리서 지켜보면 아이들은 더 잘 자랍니다.

우리 반 재능발표회

'솔솔라라 솔솔미 솔솔미미레'

예린이와 지호의 리코더 연주 소리다. 생애 첫 리코더 공연. 작고 짧은 손가락을 찢어 가며 리코더 구멍 하나하나에 정성을 쏟았다. 예린이와 지호에게 리코더는 올해 처음 배운 악기다. 바른 자세와 운지법, 텅잉을 익혔다. 언니들이 리코더로 공연을 한다고 하니, 초보지만 자기들도 해 보겠단다. 쉬는 시간마다 과외 수업받듯 언니들의 도움을 받아 연습했다. 드디어 재능발표회 날. 예린이와 지호의 연주는 감동이었다. 완벽하지는 않아도 충분히 좋았다. 이렇게 빨리 배워 리코더 합주를 해내다니! 무대 공연을 위해 연습하니, 확실히 집중해서 익혔다. 둘이 하나가 되어 박자도 톤도 감동적인 하모니를 이뤘다.

예린이와 지호의 공연이 끝나자, 서연이와 민서의 '에델바이스' 공연이 있었다. 중간에 픽 소리가 났지만, 둘이 눈 한번 맞추더니 멋진 공연을 이어갔다. 3학년들은 언니들의 노련하고 편안한 연주에 몸이 절로 리듬을 탔다. 노래도 따라 불렀다. 4학년들은 동생들의 호응과 선생님의 동영상 촬영에 신이 났다. "선생님, 한 곡 더 해도 돼요?" 묻는다. "물론이지!" 잠시 속닥거리더니 바로 연주를 시작했다. 모두가 좋아하는 '솜사탕'을 이어 연주했다. 3학년들은 리코더 연주에 맞춰 아까보다 더 큰 소리로 노래를 불렀다.

리코더 공연에 이어 서연이의 〈레블 하트〉 댄스 무대도 펼쳐졌다. 방과 후 방송 댄스 수업에서 배운 춤이다. 춤추는 아이돌 교사가 되는 것이 꿈인 서연이는 공부도 열심히 하지만, 춤출 때도 열심이다. 음악에 온몸을 맡기고 신나게 춤추는 서연이. 소곤소곤 말하고 조용조용히 행동하는 서연이가 저렇게 자신감 넘치고 열정적이라니! 수백 명 앞에서 공연하듯 서연이의 동작은 대담하고 유연했다. TV에서 보았던 아이돌이 내 눈앞에 있었다. 입을 다물지 못했다. 서연이의 화려한 댄스 공연이 끝나고, 예린이의 공연이 이어졌다. 〈사랑의 하츄핑〉 노래 공연을 했다. 요즘 아이들 사이에 인기 폭발이다. 나는 도무지 알아듣지도 못할 가사를 줄줄줄 외워 불렀다. 아이들도 무릎 박수 치며 따라 불렀다.

마지막으로 지호와 민서의 그림 소개 시간이 있었다. 시간 날 때마다 그린 캐릭터 그림을 소개하는 시간이었다. 종합장에 하나둘 그린 그림이 쌓였다. 둘 다 캐릭터 그리는 것을 좋아하니 마음이 통했다. 자신이 제일 마음에 드는 캐릭터 그림을 하나씩 소개하고 발표했다. 앉아 있던 아이들도 "나도 좋아하는데, 우와! 잘 그렸다." 칭찬했다.

재능발표회의 모든 장면은 동영상으로 찍었다. 하루는 장면 장면 찍은 것을 아이들과 함께 보고 있었다. 서연이가 좋은 제안을 했다. "선생님, 제가 그 영상들 재밌게 편집해 보고 싶어요. 제가 캡컷 잘하거든요. 편집 한번 해 보고 싶어요." 나는 바빠서 편집은 생각지도 않았다. 서연이가 해 보고 싶다고 하니 이보다 더 좋을 수가! 그렇게 서연이에게 맡겼더니, 놀라운 일이 벌어졌다. 우리의 재능발표회가 TV쇼처럼 한 편의 멋진 작품으로 상연되었다. 불필요한 장면은 없애고, 친절한 공연 소개와 웃기는 자막 삽입, 영상 하나하나 이어 붙여 한편의 파노라마같이 만들었다. 이후로 우리 반 재능발표회는 멋진 동영상으로 차곡차곡 쌓아가고 있다. 추억 앨범 들춰보듯 우리는 가끔 꺼내 본다. 볼 때마다 까르르 넘어간다. 조금씩 성장해 가는 우리를 만난다. 동지애도 진해진다.

우리 반 재능발표회는 한 달에 한 번 목요일 창의적 체험 시간에 열린다. 그동안 갈고닦은 재능을 뽐내고 자랑하는 시간이다. 아이들에게 "이

거 해 봐, 저거 해 봐." 하면 움츠리고 소극적인 태도를 보였다. 그러나 "너희들끼리 모여 재능발표회 맘껏 준비해 보면 어떻겠니? 사회자가 필요하면 알아서 정하고, 종목은 뭐할 건지 준비물은 필요한지 의논해 보렴. 순서지가 필요하면 만들어 봐. 선생님 도움이 필요하면 언제든지 말해 줘." 아이들을 믿고 맡겼더니 신나게 준비했다. 내가 주도할 때의 소극적인 모습이 아니었다. 아이들에게 자율성을 주고, 조금 떨어져서 지켜봐 줄 때 아이들은 창의성을 발휘했다. 생각은 자유로워졌다. 평가의 압박에서 벗어나 맘껏 기량을 발휘했다.

재능발표회 계획, 준비, 연습, 실행, 피드백, 영상편집까지 아이들 스스로 해냈다. 아이들은 비교와 평가가 없는 이 시간을 오로지 즐겼다. 시행착오를 거치며 많이 배웠고, 미숙해서 재밌어했다. 완벽하지는 않지만, 행복한 시간이었다. 아이들 스스로 만족하고 도전하는 시간이었다.

나에게 우리 반 재능발표회는 아이들을 이해하는 시간이다. 요즘 아이들이 좋아하는 노래, 춤, 개그, 캐릭터가 무엇인지 읽을 수 있다. 아이들의 성향, 기호, 선호도, 관계를 자연스럽게 이해하게 된다. 아이들에게 좀 더 가까이 다가갈 수 있는 접점을 발견하는 시간이다. 아이들의 새로운 모습, 감추어져 있던 재능을 발견하며 감동받는 시간이기도 하다. '아이들이 생각보다 어리지 않구나. 스스로 할 수 있는 일들이 많구나. 생각지도 못한 아이디어가 샘솟네. 이런 면이 있었구나. 잠재력이 무한하구나.' 재능발표회 시간은 아이들의 감춰진 보화를 캐내는 시간이다.

친구에게 우리 반 재능발표회의 감동을 이야기하면 "에이~ 네 명이 하는데 뭐 그리 대단해! 의미 부여가 과하다!" 콧방귀를 낀다. 아무렴 어떤가. 내 어깨는 한없이 올라간다.

여건이 된다면 아이들 스스로 할 수 있는 기회를 자주 만들어 주려고 한다. 아이들은 믿고 맡기면 더 잘한다. 스스로 뭔가를 해낼 수 있는 존재라는 걸 경험한다. 아이들에게 관심 어린 시선을 놓치지 않되, 조금 멀리서 지켜보면 아이들은 더 잘 자란다.

믿는 만큼 자라는 아이들. 재능발표회를 통해 선생님에게 깨달음과 기쁨을 주는 우리 반 아이들에게 고맙다. 선생님은 너희들이 작아도 미숙해도 자랑스러워. 이렇게 잘하고 있으니 앞으로도 잘해 낼 거야. 다음 재능발표회 시간이 기대된다. 또 얼마나 멋진 공연이 펼쳐질까!

우리 반 알림장

✏️ 오늘의 문장

아이들은 믿고 맡기면 더 잘합니다. 스스로 뭔가를 해낼 수 있는 존재라는 걸 경험합니다. 아이들에게 관심 어린 시선을 놓치지 않되, 조금 멀리서 지켜보면 아이들은 더 잘 자랍니다.

☕ 오늘의 생각

지금까지 경험해 왔던 재능발표회를 떠올려 보세요.
기억에 남는 장면은 무엇인가요?

_____

_____

_____

_____

_____

_____

나는 매일 걸작을 만난다

　나는 김환기, 이중섭, 피카소 작품을 만난다. 때로는 윤동주, 김소월, 괴테의 작품을 만난다. 교실 게시판에 하나둘 늘어나는 아이들 활동 결과물들이 내 눈에는 다 걸작품으로 보인다. 수업하다가도 눈길 머물면 씩 웃음이 난다. 아이들 하교 후, 청소하다 가까이 다가가 자세히 보면 정말 잘했는데 싶다. 지친 하루의 숨을 고르고 의자에 털썩 앉아 저 뒤에 게시된 작품 바라보고 있으면 잠시 피곤이 사라진다. 아이들 작품에도 명화와 명작이 주는 오묘한 치유의 힘이 있다. 적어도 내게는 그렇다.

　이 세상에 딱 하나밖에 없는 민서의 책 표지, 보라 계통으로 통일한 서연이의 책가방 자기 소개판, '3학년이 되어서'라는 제목으로 '3학년이 되었다. 키도 컸다'라는 문장으로 시작하는 지호의 시, 책 속 주인공에게 쓴 예린이의 편지, 이 모두는 걸작품들이다. 민서는 그림 그리는 것을 좋아한다. 서연이는 시를 지을 때 아이디어가 돋보인다. 예린이는 예쁜 글씨체로 편지를 정성껏 잘 쓴다. 지호는 만들기 할 때 눈이 반짝인다. 아이들이 잘하는 것도, 표현하는 방법도 제각각이다. 내게는 아이들 작품 하나하나가 최고의 걸작들로 보인다. 교실 게시판이 최고의 갤러리다. 이 작품들이 붙여지기까지 수업 중 보여 준 아이들의 정성, 인내, 노력을 알기 때문이다. 그 속에 스며있는 아이들의 마음이 느껴진다.

나만 교실 갤러리를 좋아하는 건 아니다. 우리 아이들도 좋아한다. 작품 만들 때는 힘들다고, 마음에 안 든다고, 실수했다고 투덜대다가도 완성품을 떡하니 붙여놓으면 '헤헤'거린다. 지나갈 때마다 헤죽거리며 목 빼고 쳐다본다. 교실 게시판을 아이들 작품으로 꾸미는 일은 1년 내내 이어지는 즐거운 일이다.

내 어릴 적을 떠올려 보면, 교실 게시판 꾸미기는 사뭇 다른 풍경이다. 방과 후에 서너 명의 친구와 함께 교실에 남아서 선생님을 도와 게시판을 꾸민 기억이 있다. 우리는 특별 선택을 받은 것처럼 좋아했다. 선생님이 시키는 대로 게시판 가장자리에 놓을 나무와 잎을 큼직하게 그리고, 색칠하고 오렸다. 나뭇잎 하나하나 만들어 게시판에 어울리게 붙였다. '우.리.들.솜.씨.' 타이틀도 예쁘게 꾸몄다. 교실 게시판을 꾸미다 보면,

선생님이 사주시는 특별한 과자를 먹는 호사도 누렸다. 그래서 힘든 줄 모르고 재밌게 했다. 며칠 방과 후에 남아서 손을 움직이다 보면 어느새 교실 뒤판이 꽉 찼다. 어떨 때는 엄마들이 여러 명 오셔서 대청소까지 해 주고 가면 새 교실이 되기도 했다. 지금 생각해 보면 좀 웃기는 일이지만, 그때는 그랬다. 손재주가 있다고 칭찬받는 친구들과 함께 교실 꾸미기를 하다 보면 나도 솜씨 좋은 사람이라는 우쭐한 마음이 들기도 했다. 며칠 동안 친구들과 온통 교실 꾸미기 노동?에 매달리는 것이 힘들기보다 재밌었다. 교실 게시판에 대한 웃기지만 즐거운 추억거리다.

요즘이야 뒷 게시판을 형식적으로 완성하는 경우는 거의 없다. 한두 명의 작업으로 무조건 예쁘게 꾸미는 일도 없다. 아이들 모두가 참여하는 의미 있는 수업 활동 결과물들로 게시판을 채우게 된다. 비단 미술 작품뿐이겠는가. 시 쓴 것도 붙이고, 편지 쓴 것도 예쁜 종이를 덧대 붙이고, 독후 활동들도 붙인다. 우리가 조사한 내용으로 만든 지역 홍보 포스터와 배추흰나비 한살이 관찰 결과지도 붙인다. 누가 누가 잘했나를 비교하는 곳이 아니다. 우리가 열심히 해 왔던 과정과 결과를 한눈에 확인하며 조용한 피드백이 이루어지는 곳이다. 스스로 칭찬하기도 하고, 나와 다르게 표현한 친구들을 통해 배우기도 한다.

완벽하지 않아도 아이들의 활동 결과물들로 꾸민 게시판은 최고의 전

시회가 열리는 곳이다. 시간과 마음을 들여 완성한 결과물들이다. 세상에 하나밖에 없는 우리들의 작품이다. 완성한 것만으로 뿌듯해하고 칭찬받기에 충분한 자격이 있다. 친구가 해 주는 한마디 칭찬에 응원받고 격려받는 자리이다. 교실 게시판은 배움의 공간, 공감의 장소, 소통의 장이다.

나는 교실이나 복도의 게시판을 교육적으로 의미 있게 활용하려고 노력한다. 아이들은 자신의 손때 묻은 활동의 결과들이 게시될 때 부끄러운 듯해도 어깨가 으쓱해진다. 자신의 노력이 사라지지 않고, 누군가가 봐준다는 것만으로 자부심과 성취감이 한층 높아진다. 학습에 대한 동기 부여도 받고, 다음 과제에도 더 열심을 낸다. 친구들의 작품을 함께 보면서 서로의 생각과 표현을 이해하고 존중하는 태도도 배운다. 다양한 관점이 있고, 개성도 다르다는 것을 인정하는 분위기가 만들어진다. 다양한 생각이 어우러져 교실은 더 풍성해지고 따뜻해진다. 나 또한 아이들의 개성이 담긴 미술 작품, 창의적인 글쓰기 결과물을 보면서 아이들 한 명 한 명의 감성과 사고력을 엿보게 된다. 아이들을 이해하는 데 도움을 받는다. 과학 활동 결과물이나 협동 과제물의 경우 교과서 지식을 넘어서 서로의 생각을 나누고 자신들의 언어로 재구성하여 표현한 결과물이다. 이런 과정이 녹아 있는 자료가 게시되고 모두에게 공유되며 진심 담긴 학습으로 이어지는 것을 보게 된다.

아이들의 성장 기록이 담긴 교실 게시판을 바라보며 나는 생각하곤 한다. 미래의 화가, 시인, 작가, 과학자, 기자님이 여기에 있구나. 모난 부분, 도드라진 가장자리 보기보다 애를 쓴 그 마음을 기억해 주려 한다. 지우고 다시 하기를 반복하며 정성을 쏟은 그 순간을 알아주려 한다. 포기하고 싶었던 순간도 잘 극복하고 끝까지 완성한 그 마음을 보려 한다. 내가 아이들의 작품 소중히 바라보는 눈빛을 아이들은 금방 알아챈다. 진심을 담아 알아주고 바라볼 때 아이들은 한껏 뿌듯해진 마음으로 또 다른 작품에도 정성을 쏟는다. 나에게는 이 아이들이 진심으로 김환기고, 윤동주고, 피카소고, 괴테고, 아인슈타인이다.

우리 반 알림장

✏️ 오늘의 문장

모난 부분, 도드라진 가장자리 보기보다 애를 쓴 그 마음을 기억해 주려 합니다. 지우고 다시 하기를 반복하며 정성을 쏟은 그 순간을 알아주려 합니다.

☕ 오늘의 생각

최근에 완성한 나만의 작품이 있나요?
시, 편지, 그림, 만화, 블로그 글… 뭐든 괜찮습니다.
여러분의 작품을 자랑해 보세요.

_____

_____

_____

_____

_____

4교시 아이들, 믿는 만큼 자라납니다

특별한 날, 특별한 상장

어린이날을 앞두고 우리 학교는 아이들에게 특별한 상을 수여한다. 김 교장 선생님이 부임하시고 어린이날 전통이 되었다. 담임이 그동안 관찰해 온 학생의 장점과 개성이 잘 드러나게 칭찬해 주는 상이다. 이 세상에 하나밖에 없는 오직 그 아이만을 위한 상장이다. 나도 고민하며 상장 문구를 만들었다.

예쁜 글씨 정리상

3학년 예린

예린이는 무엇을 하든지 정성을 다합니다. 특히 예린이의 글씨체는 국보급입니다. 예린이의 공책을 보고 있으면 친구들의 눈과 마음이 정화됩니다. 주변 정리 정돈도 최고입니다. 예린이가 교실 정리 정돈의 모범이 되어 주어서 우리 교실은 반짝반짝 빛납니다. 이에 상장을 주어 칭찬합니다.

용감 도전상

3학년 지호

지호는 만들기, 그리기, 수수께끼 풀기, 퍼즐 맞추기, 블록으로 만들기에 능수능란합니다. 어떤 문제가 생겨도 용감하게 도전합니다. 자신감 있게 혼자서도 끝까지 해냅니다. 이에 상장을 주어 칭찬합니다.

킹왕짱 긍정 성실상

4학년 서연

서연이는 친구를 존중하고 배려하는 마음이 탁월한 따뜻한 마음의 소유자입니다. 춤, 노래, 악기 연주도 수준급입니다. 무엇이든 열심히 배워서 자기 것으로 만드는 서연이는 친구들에게 본이 됩니다. 학급 분위기를 밝고 긍정적으로 만들어 가는 서연이에게 이 상장을 주어 칭찬합니다.

깜짝 아이디어 뿜뿜상

4학년 민서

민서는 깜짝 놀랄만한 좋은 아이디어를 제공하여 학급을 재밌고 생기발랄하게 만들어 줍니다. 특히 민서가 그린 그림은 따뜻한 상상력으로 가득합니다. 친구들의 마음까지 호기심 넘치고 따뜻하게 만들어 줍니다. 이에 상장을 주어 칭찬합니다.

어린 시절을 떠올려 보면 상장은 으레 공부 잘하는 학생들의 전유물이었다. 반에서 1등, 2등, 3등 하면 '학력 신장상'이라고 해서 매 학기 주었다. 글짓기 대회, 사생 대회, 육상 대회 등 대회에 나갔다가 받아오는 상이 많았다. 아이들이 상을 받을 수 있는 방법은 공부를 잘하든지, 대회 준비를 열심히 해서 우수한 기량을 발휘하는 것이었다. 그때는 공부 잘하는 아이가 뭐든 잘한다는 편견도 있었다. 그래서였을까, 상 받는 아이는 항상 정해져 있었다. 지극히 평범한 아이가 1년에 한 번 상 받는 것은 하늘의 별 따기였다. 지금 생각해 보면 공기놀이 대장도 있었고, 고무줄놀이 챔피언도 있었고, 어깨만 툭툭 치면 흥겨운 노래가 술술 나오는 노래 천재도 있었다. 찰흙으로 만들기 하면 기똥차게 만들어서 아이들이 줄 서서 만들어 달라고 했던 친구도 있었다. 그들에게도 공기놀이 천재상, 고무줄놀이 챔피언상, 가수상, 조각가상을 주었더라면 지금쯤 어느 한 분야에서 두각을 나타내고 있지 않았을까 생각된다.

아이들을 어른의 시선으로 바라보았다. 세상이 만들어 낸 틀 안에 끼워 넣으려 했다. 지금은 나의 어린 시절과 많이 바뀌었다고 한다. 하지만, 아직도 4세 고시, 7세 고시 등의 이야기가 회자되고 있는 걸 보면, 여전히 변화가 필요한 시대다. 이런 시대에 아이들에게 특별상을 주며 각자의 장점과 개성을 존중해 주려는 우리 학교 선생님들은 참 멋지다.

아이들은 공부든 뭐든 억지로 시키면 싫어하게 된다. 아이들이 그렇게 좋아하는 게임도 교육과정을 만들어 하루 여섯 시간씩 매일 일정표 맞춰서 하게 한다면 어떻게 될까? 이론부터 방법, 실습, 대회 이런 식으로 틀을 만들어 시키면 질려 버릴 것이다. 아이들에게 자율성을 보장해 주고 선택하게 하면 공부도 게임처럼 호기심 가득한 놀이가 되지 않을까. 뭐든지 스스로 선택하도록 기회를 주고 기다려주면 아이들은 할 수 있는 것들이 많아진다. 좋아하는 일도 많아지고 인내도 잘하는 아이들로 자란다.

우리 반 아이들은 자존감이 높다. 예린이는 공책에 쓰든, 교과서 귀퉁이에 쓰든 글자를 허투루 쓰는 일이 없다. 차분하게 정성을 다한다. 한 자 한 자 정성을 다해 일기를 쓰고, 알림장을 쓴다. 아마도 인생의 문제 앞에 한 걸음 한 걸음 정성을 다해 헤쳐 가는 어른으로 성장할 것이다. 지호는 읽는 것이 조금 느리지만, 한 번도 기죽은 적이 없다. 부모님도 나도 지호를 믿고 있다. 지호는 매일 조금씩 발전하고 있다. 자신감 넘치는 지호는 처음 타보는 리프트, 루지, 오리배에 두려움이 없었다. 무엇이든 일단 도전하는 지호가 앞으로 해낼 일들이 기대된다. 민서의 무한한 상상력은 그림으로 표현된다. 민서는 시키는 일보다 스스로 계획한 일들에 상상력이 폭발한다. 내가 조금만 조언해 주고 민서에게 스스로 방법을 찾아보라 하면 늘 기대 이상이다. 민서를 볼 때마다 지도서를 내려놓고, 민서의 시선으로 바라보려고 노력해야지 싶다. 장원영을 좋아하는, 춤추는 아이돌 교사가 꿈인 서연이에게는 시골 작은 학교가 한계가 되지 않는다. 인터넷, 유튜브 등을 활용하여 아이돌 연습생 못지않게 연습하고 끼를 발휘한다. 방과 후 댄스 수업은 늘 기다리는 수업이다. 한쪽 벽을 가득 채운 큰 거울을 보고 연습하는 것을 좋아한다. 매달 열리는 학급 재능발표회 시간에는 그동안 연습한 춤 공연을 펼친다. 학교 학예회 때는 센터에서 가장 크고 화려하게 공연한다.

    좋아하는 일로 재능을 맘껏 펼칠 수 있는 아이들은 행복하다. 남과 비교하지 않고, 스스로에 대한 자부심을 느낀다. 어린이날 특별상을 받아 든 아이들이 '나는 참 괜찮은 아이구나' 한 번 더 느꼈으면 좋겠다. 친구의 저런 특별함도 소중하구나 인정하는 시간 되었으면 좋겠다. 아이들이 좋아하고 잘하는 일로 인정받고 존중받는 사회가 되었으면 좋겠다. 그때는 '저는 잘하는 게 하나도 없어요' 하는 아이가 하나도 없을 테지. 꼭 어린이날만 특별상 줘야 하나? 한 달에 한 번 학급 특별상 주고 싶다.

우리 반 알림장

✏️ 오늘의 문장

좋아하는 일로 재능을 맘껏 펼칠 수 있는 아이들은 행복합니다. 남과 비교하지 않고 스스로에 대한 자부심을 느낍니다.

☕ 오늘의 생각

학창 시절 받은 상장 중, 가장 기억에 남는 상장이 있나요? 어떤 상장이었나요? 혹은 지금 나에게 만들어 주고 싶은 상장은 무엇인가요?

_____

_____

_____

_____

_____

_____

우리 학교에 오은영 있다

수아가 꽈당 넘어졌다. 전교생이 강당으로 이동하는 중이었다. 조금 뒤에서 따라가던 하은이가 넘어진 수아를 보자마자 달려와 일으켜 주었다. 그리고는 "수아야, 괜찮아? 안 아파?" 물어준다. 하은이는 언제나 그랬다. 동생들이 넘어지거나 울기라도 하면 제일 먼저 달려와 도와주고 물어봐 준다. 어느 날부터인가 아이들이 말했다. "선생님, 우리 학교에 오은영 선생님 있어요. 아니 최은영 언니 있어요." 알고 보니 하은이의 성을 따서 오은영 선생님 대신 최은영 언니라고 부르고 있었다. 아이들이 모두 인정하는 우리 학교 오은영 선생님이 바로 하은이다. 아이들이 하은이를 오은영 선생님이라 부르고 따르는 것은 당연하다 생각되었다.

하은이는 부임한 첫해 우리 반 학생이었다. 마음 씀씀이가 남달랐던 하은이는 언제나 자랑스러운 학생이었다. 3년 전에도 그랬다. 다들 놀고 있는데, 혼자 구석에 우두커니 있는 친구가 있으면, "같이 놀래?" 물어주는 친구였다. 하은이가 있어서 우리 반에 소외되거나 외로운 친구는 없었다. 리코더 연습하다 "못 하겠어. 포기할래." 하는 친구가 있으면, 곁에 다가가 "내가 도와줄까?" 물어봐 주는 친구였다. 공부 시간에 QR코드 잘 안 찍혀 짜증 내는 친구에게 다가가 "내가 한번 해 볼게." 친절하게 도와주는 친구였다. 친구들이 요청하기도 전에 눈치 빠르게 다가가 무심하게 도와주는 친구가 하은이였다. 그런 하은이가 있어서 우리 반은 1년 내내 따뜻하고 평화로웠다. 하은이를 생각할 때면 언제나 마음이 뿌듯해지고 자랑스럽다.

하은이를 진급시키고, 그다음 해에도 그리고 올해에도 변함없이 하은이에 대한 칭찬은 여기저기서 들려온다. 올해에는 동생들 사이에서 '최하은 언니=오은영 선생님'이라는 호칭까지 들으며 우리 학교의 자랑으로 자리매김하고 있다. 하은이와 같은 친구, 언니, 누나가 있는 우리 학교는 행운이 가득한 학교다. 나도 이렇게 든든하고 뿌듯한데, 아이들은 오죽할까.

며칠 전에 우리 학교 대표로 전교 회장인 하은이를 데리고 지역 초중고 학생 참여 자치회 활동을 다녀왔다. 차로 이동하면서 "하은아, 너 덕분에 우리 학교가 따뜻하고 행복해. 고마워." 말해 주었다. 그리고 요즘 힘든 건 없는지, 상처받은 적은 없는지, 걱정되는 건 없는지 물었다. 한참을 가만히 있다가, "가끔 힘들 때도 있어요. 근데, 동생들 도와주고 나면 기분이 좋아요." 한다. "하은아, 고마워. 너 지금 충분히 잘하고 있으니까, 힘들 땐 너를 먼저 챙겨도 괜찮아. 선생님도 옆에 있잖아." 말했다. 예쁜 마음의 하은이가 지치지 않고 언제나 즐겁고 행복한 학교생활을 했으면 좋겠다.

꽃을 든 손에 향기가 머물 듯, 예쁜 마음의 하은이에게는 좋은 향기가 난다. 우리 학교 오은영 선생님, 하은이의 좋은 향기가 학교에 예쁘게 퍼지며 아이들의 기분조차 행복하게 하니 정말 감사하다. 교실 안 누군가의 말과 행동은 전염된다. 교실에 고자질 자주 하는 아이 한 명만 있어도, 쉬는 시간마다 여기저기서 고자질하는 아이가 늘어난다. 툭 하면 불만 불평을 쏟아 내는 아이가 있다면, 작은 일에서조차 부정적인 목소리를 내는 분위기가 만들어진다. 입만 떼면 '싫어요. 안 해요.' 하는 아이가 있다면, 교실 분위기는 침체되고 어두워진다.

그 반대의 경우도 마찬가지다. '고마워, 미안해, 사랑해, 축하해'라고 말하는 친구가 있다면, 아이들도 서로서로 스스럼없이 이런 말들을 자주 사용한다. 누군가가 고운 말 예쁜 말을 자주 사용하면, 금세 전염된다.

친절과 양보를 먼저 베풀면, 학급 분위기가 다정해지고 따뜻해진다. '해요, 할 수 있어요. 해 봐요' 하는 목소리가 커지면 어느새 분위기가 들썩들썩 살아난다. 교실이 좋은 향기로 가득하길 매일 기도한다.

나는 긍정적 분위기가 교실을 이끌어 갈 수 있도록 노력하고 있다.

첫째, 아이들은 학교에 오자마자 감사한 것 세 가지를 기록한다. 감사로 하루를 시작하는 아이들은 이미 행복하다. 감사한 것들을 생각하는 것만으로 아이들의 기분은 좋아진다. 말과 행동이 다정해진다.

둘째, 주기적으로 칭찬 샤워 시간을 가진다. 돌아가며 주인공이 된다. 그날의 주인공이 된 친구를 위해 모두가 한마음이 되어 칭찬거리를 생각한다. 칭찬의 말을 한마디씩 건네준다. 칭찬 붙임딱지를 작성한다. 칭찬 세리머니를 보내 준다. 하트 손, 하트 팔을 만들어 보내주기도 하고, 안아 주고, 어깨 토닥토닥해 주기도 한다. 칭찬 붙임딱지들은 모아서 주인공 친구의 알림장에 모두 붙여 집으로 보내준다. 칭찬 샤워가 있는 날은 주인공 친구도 행복하지만, 칭찬해 주는 친구들의 즐거워하는 표정을 감출 수 없다. 칭찬받는 것도 칭찬하는 것도 기분 좋은 일이다.

셋째, 일과를 마치며 알림장 적을 때, 첫 문장은 무조건 '고미사축(고마워, 미안해, 사랑해, 축하해)'을 기록한다. 하루 동안 학교생활하며 친구에게 고마웠던 일, 미안했던 일, 사랑해 말해 주고 싶은 사람, 축하해 주고 싶은 일을 떠올리며 한두 개를 알림장에 적는다. 그러고는 친구에게 가서 적은 대로 말해 준다. "예린아, 오늘 교무실 같이 가 줘서 고마워. 사랑해.", "오늘 글씨 예쁘게 써서 칭찬받은 것 축하해."

작은 일들이지만, 습관처럼 하는 교실 활동들이 부정적 에너지를 몰아내고, 긍정적 분위기가 교실을 채우도록 돕는다. 우리 학교 오은영 선생님, 하은이 덕분에 학교가 조금 더 따뜻하고 평화롭다. 하은이의 예쁜 말과 행동을 따라 하는 아이들 덕분에 친절과 다정함이 곳곳에서 느껴진다. 아이들이 저마다의 좋은 향기를 풍기도록 애쓰고 계신 선생님들 덕분에 사랑, 행복, 꿈이 가득한 학교를 만들어 가고 있다.

완벽하지 않아도 아이들 모두가 최은영, 박은영, 안은영, 한은영, 노은영으로 예쁘게 성장해 가길 소망한다. 아이들이 걸어가는 세상마다 좋은 향기 폴폴 풍겨 그곳을 아름답게 물들였으면 좋겠다.

우리 반 알림장

✏️ 오늘의 문장

고운 말 예쁜 말을 자주 사용하면 금세 전염됩니다. 친절과 양보를 먼저 베풀면, 분위기가 다정하고 따뜻해집니다.

☕ 오늘의 생각

주위를 둘러보세요.
오은영 박사님 같은 친구가 있나요?
닮고 싶고, 배우고 싶은 그의 말과 행동은 무언가요?

_____

_____

_____

_____

_____

너는 존재만으로 소중해

날아라 새들아 푸른 하늘을

달려라 냇물아 푸른 벌판을

오월은 푸르구나 우리들은 자란다

오늘은 어린이날 우리들 세상

우리가 자라면 나라의 일꾼

손잡고 나가자 서로 정답게

오월은 푸르구나 우리들은 자란다

오늘은 어린이날 우리들 세상

어린이날을 앞둔 금요일 아침이다. 새 소리가 어느 날보다 경쾌하게 들린다. 눈앞에 보이는 나무와 산들은 어느새 초록 옷으로 완전히 갈아입었다. 지난밤 내린 비 때문인지 학교를 둘러싼 산들이 어느 때보다 깨끗하고 선명해 보였다. 아이들이 오기 전 교실 창문을 활짝 열고 환기를 시켰다. 창문으로 들어오는 상쾌한 바람이 교실을 감쌌다. 문을 통과해 지나가는 바람이 시원하게 느껴졌다. 노란 스쿨버스가 주차장에 막 들어오는 모습이 창문 밖으로 보였다. 아이들이 하나둘 버스에서 내렸다. 본관까지 걸어오는 아이들 발걸음이 경쾌하게 지저귀는 새소리처럼 가볍다. 재잘재잘 아이들 목소리도 평소보다 한 톤 높다.

교실에 들어서자마자 "선생님, 오늘 무슨 날이게요?" 능청스럽게 묻는다. "헤헤, 오늘은 우리 학교 어린이날 행사하는 날이죠!", "어린이날이 부처님 오신 날이라 학교 안 오잖아요, 그러니까 오늘 어린이날 행사하는 거 맞죠?" 숨도 쉬지 않고 종알종알한다. "신싸 기분이 좋아요!", "기대돼요.", "벌써부터 신나요!" 한마디씩 한다.

어린이라면 어린이날을 손꼽아 기다리는 게 당연하겠지만, 아이들은 우리 학교에서 열리는 특별한 어린이날 행사를 좋아한다. 매년 가장 큰 행사 중 하나로 특별하게 운영된다. 온종일 아이들이 좋아하는 이벤트가 이어진다.

강당에 대형 에어바운스를 설치한다. 처음 이 학교에 왔을 때, 작은 학교에 에어바운스라고 해 봤자 얼마만 하려고 생각했다. 그러나 에어바운스를 보고 입이 떡 벌어졌다. 진짜 초대형이었다. 강당을 가득 채운 에어바운스의 위용에 진짜 어린이날이 맞구나 싶었다. 우리 학교 주변에는 문화시설이 없다. 지자체에서 실시하는 어린이날 큰잔치에 참석하면 좋겠지만, 거기까지 가는 것이 쉽지 않다. 일단 부모님들이 봄철에는 다들 바쁘시다. 어린이날이라고 일부러 어디를 찾아가거나 놀이공원 같은 데를 데리고 갈 수 있는 상황이 아니다. 이런 상황에 있는 우리 아이들에게 학교 강당에 설치된 대형 에어바운스는 두근두근 가슴 떨리는 놀이공원 그 자체다. 도시의 키즈카페 그 자체다. 아이들이 맘껏 뛰어놀기에는 이만한 시설이 없다. 대형 에어바운스에 적당한 숫자의 아이들과 옆에서 도와주는 선생님이 함께하니 안전하게 놀 수 있다.

어린이날 기념식을 했다. 담임 선생님들이 준비한 특별 상장 수여식으로 기념식이 시작되었다. 아이들 한 명 한 명 호명될 때마다 뛰어나와 무대 위에 섰다. 교장 선생님이 상을 받는 아이의 특별 상장 문구를 하나하나 읽어 주셨다. 무대에 선 아이는 부끄러운 듯 몸을 꼬았지만, 얼굴에 미소가 떠나지 않았다. 자리에서 지켜보던 아이들은 친구가 상장을 받을 때마다 "와!" 함성과 함께 손바닥이 터져라 박수 쳐주었다.

교장 선생님이 상장 문구를 읽어 내려갈 때 언뜻언뜻 보이는 아이들의 뿌듯한 표정을 잊을 수 없다. 상장과 함께 선물도 전달했다. 선물은 개인별로 미리 받고 싶은 선물을 비밀리에 조사했었다. 깜짝 선물로 한 명 한 명에게 전달했다. 예린이는 유리핑과 코코냥 피규어, 지호는 트리케라톱스 공룡 블록, 서연이는 아이브 앨범, 민서는 띠부띠부 세계여행 시리즈다. 꼭 갖고 싶었던 선물을 받았으니 얼마나 좋았겠는가! 온몸으로 표현하는 기쁨의 세리머니는 박장대소하게 만들었다. 어린이라는 사실만으로 가장 좋아하는 선물을 받은 아이들 마음은 어떠할까? 아이들이 과제를 다 해 올 때, 약속한 것을 지켰을 때, 칭찬받을 만한 행동을 했을 때 상품으로 선물을 받는 게 보통의 일상이다.

그러나 생각해 보면, 어린이는 어린이라는 존재 자체만으로 선물 받기에 충분하다. 아이들에게 선물 줄 때 매번 조건을 꼭 붙이며 줬어야 했을까 반성하게 된다. 가끔은 이유 없이 조건 없이 '어린이니까, 너니까 받는 거야.' 말해 줘도 되지 않을까 생각한다. 버릇 나빠진다고, 선물을 당연하게 여긴다고 나름대로 이유가 있었지만, 아주 가끔은 그런 이유조차 내려놓으면 좋겠다. '너는 너 자체로 소중하니까, 너는 존재 자체로 충분하니까, 사랑받기에 충분해. 행복할 자격이 언제나 충분해.' 말해 주고 싶다.

선생님들이 건넨 특별 상장과 선물에 아이들이 행복해 보였다. 선생님들이 한 달 전부터 계획하고 준비한 어린이날 행사가 즐거운 기억으로 추억되었다. 강당의 대형 에어바운스, 어제부터 숨겨 둔 보물찾기, 비눗방울 놀이, 모든 순간이 '너는 존재 자체로 소중하고 충분해'를 말해 주는 행복한 어린이날 행사였다.

스쿨버스 타고 4시 20분 학교 문을 빠져나갈 때까지 아이들은 온종일 어린이날을 누렸다. 얼굴이 빨개질 정도로, 머리카락이 땀에 흠뻑 젖을 정도로 뛰어다녔다. 모두가 주인공인 하루였다. 매일 어린이날일 수는 없지만 매일 행복할 수는 있다. 바로 옆에 사랑해 주는 부모님, 선생님들, 친구들이 있으니까.

우리 반 알림장

🖉 오늘의 문장

당신은 당신 자체로 소중합니다. 당신은 존재 자체로 충분합니다. 사랑받기에 충분합니다. 행복할 자격이 언제나 충분합니다.

☕ 오늘의 생각

기억에 남는 어린이날을 떠올려 보세요.
누구와 무엇을 했나요? 꿈꾸는 어린이날은 어떤 모습인가요?

_____

_____

_____

_____

_____

_____

감사로 빛나는 일상

　벌써 한 시간째 사이트의 스크롤을 올렸다 내렸다 하고 있다. '최 선생님은 건강에 관심이 많으시니까 과일 쿠폰을 드려야겠다. 김 선생님은 퇴근하자마자 침대에 누워야 살 수 있는 분이시니까 귀여운 쿠션을, 손 선생님은 차를 좋아하시니까 예쁜 찻잔을 드려야지.' 스승의 날을 앞두고 한 시간 넘게 '카카오톡 선물하기' 앱을 뒤적거리고 있었다. 눈이 아파 앱 쇼핑을 별로 좋아하지 않지만, 시간 가는 줄 모르고 선물을 골랐다. 내가 선물을 받는 것처럼 설렜다. 한 분 한 분께 마음을 담은 짧은 문장의 메시지를 넣어 선물 보내기를 완료했다.

　"박샘, 왜 이래~ 우리끼리! 근데 기분이 너무 좋네. 힘이 나요. 고마워요. 박샘도 행복한 스승의 날 되세요." 답장은 하나같이 감동이었다. 스승의 날을 맞아 선생님들께 축하 선물을 드렸다. 힘겨웠던 시절, 함께 손잡고 견뎌왔던 시간, 지금도 기억나는 다정한 위로의 말, 따뜻한 차 한 잔과 함께 가만히 들어주셨던 그 순간을 추억하며 선물을 고르고 보냈다. 생각지 못한 어려움으로 지금도 고생하고 있는 선생님도 떠올랐다. 잠시 그렇게 선생님들을 떠올리고 선물을 보내는데 마음이 따뜻해지고 내가 위로받는 기분이었다. 훌륭한 선생님들의 수고를 생각하고, 지금도 내 교육철학의 근간이 되어 주고 있는 존경하는 선생님들의 가르침을 생각하는 시간이었다. 선생님들을 생각하고 고마움을 전하는 그 시간이 오히려 내게 주는 선물 같았다.

스승의 날이 오면 은근히 누군가의 '기억'을 기대하던 때가 있었다. 교사로 살아온 시간이 쌓이면서 깨달은 것이 있다. 스스로 부끄럽지 않은 교사로 기억되자. 그리고 조금 더 나은 교사로 살아갈 수 있도록 함께해 준 아이들, 학부모, 동료들을 기억하고 감사한 마음 잊지 말자. 그렇게 마음을 바꾸고 나니, 스승의 날이 감사한 분들을 떠올리며 마음이 따뜻해지는 날이 되었다.

지역 교육청 장학사님이 스승의 날 아침, 학교를 방문하셨다. '선생님 감사합니다. 사랑합니다'라는 문구가 적힌 카드와 커피콩, 그리고 예쁜 상자에 담긴 큰 케이크를 들고서 오셨다. 깜짝 이벤트에 교무실은 작은 파티장이 되었다. 커피를 내리고, 케이크를 나누며 선생님들은 서로를 축하하고 격려했다. 잠시지만 달콤하고 행복한 추억을 만드는 시간이었다.

국어 시간, 아이들과 '감사 편지 쓰기'를 했다. "얘들아, 고마웠던 선생님, 기억에 남는 선생님 계시지?" 잠시 생각하던 아이들이 하나둘 손을 들기 시작했다. "1학년 때 한글 떼게 해 주신 선생님이 생각나요. 그림책 하나도 못 읽었는데 선생님이 도와주셔서 이젠 잘 읽게 됐어요.", "아플 때 약 발라주시고 걱정해 주시던 선생님이 기억나요. 우리 엄마 같았어요.", "재미있는 얘기 많이 해 주시던 선생님이 생각나요.", "지금 우리 선생님도 너무 좋아요." 아이들 마음속에는 따뜻하게 기억되는 선생님들이 있었다. 지금 함께하고 있는 나도 다정하게 생각해 주었다. 우리는 고마운 마음을 우리 학교 선생님들께 직접 전해 보기로 했다.

아이들은 정성스럽게 카드를 꾸미고 편지를 썼다. 교장 선생님께 '어린이날 에어바운스도 설치해 주셔서 감사합니다. 우리를 많이 사랑해 주셔서 감사합니다.'라는 편지를 쓴 아이는, 꽃을 든 날씬한 20대의 교장 선생님 모습을 그려 넣었다. 체육 선생님께 '체육 시간이 너무 재밌어요! 재미난 놀이 많이 하게 해 주셔서 감사합니다.'라는 글과 함께 카네이션을 아주 크게 그린 카드를 만들었다. 과학 선생님께는 전날 살짝 물어본 가장 좋아하는 파란색 종이로 카드를 만들었다. 교무실 선생님께는 '아플 때마다 도와주셔서 감사합니다.'라고 적고 하트로 꾸민 카드를 만들었다.

쉬는 시간, 카드를 들고 선생님들을 찾아갔다. "교장 선생님, 스승의 날 축하합니다. 사랑합니다." 교장실이 떠나갈 듯 아이들이 합창했다. 저마다 내민 카네이션 카드에 교장 선생님의 얼굴에 웃음꽃이 활짝 폈다. 어깨를 토닥이며 안아 주시는 교장 선생님의 손길에 아이들이 더 환히 웃었다. 작년 담임 선생님께도 찾아가서, 조심스럽게 감사 카드를 내밀었다. 선생님은 벌써 다 컸다고 칭찬해 주셨다. 과학실에도 들렀다. 과학 선생님은 "아! 그래서 좋아하는 색이 뭔지 물어봤구나. 감동이야, 감동!" 하며 카드를 가슴에 꼭 안았다. 교무실에도 다 함께 갔다. 선생님들이 아이들을 반갑게 맞아 주셨다. 아이들이 수줍게 내민 카드에 "고마워, 얘들아."를 반복하셨다. 선생님들을 생각하며 카드를 만들었던 시간도 좋았지만, 직접 선생님께 건네며 감사를 표현하는 그 순간이야말로 감동의 시간이었다.

아이들이 정성을 다해 준비하고 전한 작은 감사 카드가 선생님들의 마음을 몽글몽글하게 한 하루였다. 평소에 선생님의 가르침이나 도움을 당연하게 여기기 쉽다. 이런 기회를 통해 아이들이 받은 사랑과 관심을 스스로 헤아려 볼 수 있어서 다행이다. 감사하는 마음은 가르쳐야 한다. 그리고 그 감사를 표현하고 실천하는 방법도 함께 배워야 한다. 아이들은 일상의 작은 이벤트 속에서 자연스럽게 감사와 예절을 배운다. 감사가 습관이 될 때 삶은 풍요로워진다. 감사하는 습관은 성품이 된다. 감사는 일상을 긍정적으로 바라보게 한다. 어려움 속에서도 밝은 면을 바라볼 줄 아는 건강한 사람이 된다.

스승의 날, 감사의 마음을 배우고 전하는 선물 같은 날이었다. 특별한 것이 없어도, 나의 스승을, 존경하는 동료들을 한 번 더 떠올려 보는 뜻깊은 하루였다. 아이들과 함께 감사를 배우고 표현하는 소중한 날이었다. 오늘 같은 감사한 마음으로 매일 한 걸음씩 스승의 길을 가련다.

우리 반 알림장

🖊 오늘의 문장

감사가 습관이 될 때 삶은 풍요로워집니다. 감사하는 습관은 성품이 됩니다.

☕ 오늘의 생각

기억에 남는 스승의 날을 떠올려 보세요.
스승의 날 풍경은 어떠했나요?
잊지 못할 스승님께 감사의 마음을 전해 보세요.

_____

_____

_____

_____

_____

_____

작가, 꿈은 이루어진다

"선생님, 진짜 이 책 작가님 오시는 거죠?"

아침부터 아이들은 목 빼고 기다렸다. 진짜 우리 학교에 작가님이 오시다니! 아침 공책을 쓸 때도 작가님의 책을 옆에서 놓지 않았다. 며칠 동안 아침 공책에 적은 독서 기록은 『꿈틀꿈틀, 오늘도 자유형으로 살아갑니다』 책에 대한 것이었다. 민서는 삭가님께 물어볼 질문도 수첩에 적어 왔다. '작가와의 만남'이 있는 오늘, 교실에는 두근두근 긴장과 설렘의 기운이 가득했다.

등장부터 남다른 작가님이셨다. 은발의 뽀글뽀글한 머리에 공주풍 보라색 드레스를 입고, 방금 만화 영화에서 튀어나온 듯한 모습으로 나타나셨다. 종합실에서 조용히 기다리던 아이들 입에서 환호가 터져 나왔

오늘도 교실은 맑음

다. "와! 작가님이시다!"

 작가님은 『꿈틀꿈틀, 오늘도 자유형으로 살아갑니다』는 물론 『십대, 지금 이 순간도 삶이다』, 『요리로 만나는 과학교과서』 등 다수의 책을 쓰신 이영미 작가님이다. '착한재벌샘정'이라는 필명으로 활동하고 계신 현직 과학 선생님이기도 하다. 아이들도 가르치지만, 글도 쓰고 그림도 그리고 캘리그라피도 하며 웹툰 작가로도 활동하고 계신 다재다능한 선생님이시다. '말랑말랑학교'라는 배움 공동체도 운영하고 있다는 작가님의 소개를 듣는 순간, 아이들의 눈이 동그랗게 커졌다. 나랑 같은 생각이었나 보다. 도대체 몇 가지 직업을 가지신 거지? 한 사람이 이렇게 많은 꿈을 품고 살아갈 수 있다는 것을 눈앞에서 직접 본 것이다. 작가님을 만나며 우리 아이들 머리엔 이미 많은 직업들이 스쳐 지나갔다.

 작가와의 만남은 책 이야기로 시작되었다. 『꿈틀꿈틀, 오늘도 자유형으로 살아갑니다』는 페이지마다 그림 품은 캘리그라피와 짧은 문장이 담겨 있다. 사물과 상황을 바라보는 남다른 시선과 관점에 감탄이 나왔다. 책의 주제가 '지금 여기서, 다른 사람의 방식 말고 내 방식대로 살아가기'라고 하셨다. 이 문장을 아이들 눈높이에 맞춰 이렇게도 말씀해 주셨다. '너만의 속도로, 너만의 색깔로, 너답게 살아가도 괜찮아.' 그렇게 말씀해 주시는데 내 마음도 뭉클해졌다. 남과 비교하지 말고, 나만의 속도로 나만의 개성으로 나답게 살아도 된다는 말씀이 큰 위로가 되었다. 물론 아이들의 표정도 묘하게 진지해 보였다.

작가님은 아이들과 눈을 맞춰 가며, 아이들 앉아 있는 자리 바로 옆으로 와서 쏙 빠져들게 강연을 이어 가셨다. 책 속 문장을 작가님의 목소리로 읽어 주셨다.

우린 그저 방법이 다른 거지요
…
"그렇게 빈둥거리고 있어서 되겠어요?"
"뭐라도 해야 할 거 아니에요?"
라는 사람에게 말합니다.
"난 지금, 즐거이, 치열하게 무엇인가를 하고 있답니다. 당신에게 보이지 않는다고 해서 아무것도 아닌 선 아니랍니다."
우린 그저 방법이 다른 거지요
61쪽.

작가님의 낭독이 끝나자마자 준우가 말했다. "우리 엄마는 내가 조금만 누워 있어도 '숙제해야지. 다 했으면 학습지 해야지. 왜 그렇게 빈둥거리고 있니'라고 해요." 준우의 말에 아이들이 크게 고개를 끄덕였다. 작가님의 글이 아이들 마음을 읽어 주는 듯했다. 아이들이 억울한 마음을 다 쏟아 냈다. 그동안 빈둥거린다고 핀잔 들은 억울한 마음을 작가님께 다 털어 내며 속 시원해했다.

마음에 드는 문장을 골라 나만의 그림과 글로 표현해 보는 시간도 가졌다. 좋아하는 숫자로 자기 얼굴을 그려 보는 활동, 같은 그림을 여러 각도에서 보며 다르게 바라보는 연습도 했다. 그림 뒤집어 보기, 선생님이 쓴 문장에 단어 몇 개만 바꿔 새로운 문장 만들어 보기 등 한 권의 책으로 무궁무진한 활동이 이어졌다.

두 시간의 만남이 훌쩍 지나갔다. 사인받는 시간도 가졌다. 미리 준비해 오신 '말하는 대로' 그림 품은 캘리그라피 카드에 아이들 이름 하나하나 적어 주셨다. 악수도 하고 함께 사진도 찍었다.

"저도 작가님처럼 제 이름으로 책을 내고 싶어요.", "오늘 정말 재밌어요. 책이 더 좋아졌어요.", "그림이랑 글이 같이 있어서 하나도 안 어려웠어요. 저도 캘리그라피 배우고 싶어요."

'작가와의 만남' 시간은 아이들에게 깊은 인상을 남겼다.

첫째, 꿈이 현실이 된다는 것을 체감하는 시간이었다. 재밌게 읽은 책의 작가님을 바로 눈앞에서 만날 수 있다고 생각지 못했다. 작가님으로부터 직접 책 이야기를 들으며 작가님처럼 자신도 작가가 될 수 있다는 자신감이 생겼다. 꿈이 현실이 될 수 있다는 확신이 들었다.

둘째, 짧은 두 시간의 만남이었지만, 책과 더 가까워진 시간이었다. 한 권의 책 속에 무궁무진한 이야기가 들어 있었다. 생각과 관점을 조금만 바꾸면 상상의 나래를 맘껏 펼칠 수 있었다. 책의 세계에 흥미와 관심이 높아진 시간이었다. 앞으로 책 한 페이지도 허투루 읽지 않을 것이다.

셋째, 질문하고 소통하는 능력을 키우는 시간이었다. 책을 읽어오고, 작가님 이야기를 들으며 궁금한 것을 묻고 질문에도 답하는 시간이었다. 그러면서 자신의 생각을 표현하는 법도 배우고, 작가님과 소통하는 경험을 했다.

이날 이후, 민서는 작은 메모장을 들고 다닌다. 좋아하는 문장을 필사하고, 짧은 그림일기도 쓴다. 작가님처럼 틈틈이 적어두려고 한단다. 작가님은 어느 날 갑자기 작가가 된 것이 아니라고 했다. 평소 메모하는 습관, 자기 전 일기 쓰는 습관, 책 읽는 습관, 새로운 건 뭐든지 도전해 보는 습관이 쌓여 오늘과 같은 작가가 되었다고 한다. 일상에서 작은 실천을 꾸준히 쌓아가는 습관이 꿈을 향해 가는 지름길이다. 민서는 언젠가 작가님처럼 멋진 작가가 되어 있을 것이다.

우리 반 알림장

✏️ 오늘의 문장

일상에서 작은 실천을 꾸준히 쌓아가는 습관이 꿈을 향해 가는 지름길입니다.

☕ 오늘의 생각

재밌게 읽은 책의 저자 중에 꼭 만나고 싶은 작가님이 있나요? 왜 만나고 싶나요?

_____
_____
_____
_____
_____
_____
_____

5교시

교사,
삶으로 가르칩니다

교사로 산다는 것은, 어쩌면
한 권의 책을 써 내려가는 일일지도 모릅니다.
우리의 일상은 단 한 순간도 무의미하지 않습니다.
책을 써 내려가듯 오늘을 정성껏 살아갑니다.

교사가 행복해야
아이들도 행복하다

아이들이 모두 빠져나간 오후, 교장 선생님과 실무사님이 노란 바구니 하나씩 들고 교실 문을 두드리셨다. "선생님, 수고 많으십니다. 선물 배달 왔습니다." 교장 선생님의 유쾌한 목소리에 밝은 에너지가 교실 안에 가득 퍼졌다. 바구니 안에는 양산들이 가지런히 놓여 있었다. 한쪽 바구니에는 작고 귀여운 꽃무늬 양산이, 다른 한쪽 바구니에는 크고 화려한 꽃무늬 양산이 들어 있었다. 마음에 드는 걸로 하나 골라보라고 하셨다. 웬 양산인지 물어보니 평소에도 유쾌하신 교장 선생님이 재밌게 말씀하셨다. "소중한 우리 선생님들 피부 보호를 위해 사비 털어 양산을 구매했으니 마음에 드는 걸로 골라 보세요."

우리 학교 선생님들은 양산을 좋아한다. 점심시간 아이들과 함께 운동장 걷기를 할 때, 모자보다는 양산을 쓰고 걷는다. 체험학습 갈 때 모자를 쓰지만, 오랫동안 땡볕에 기다릴 때면, 양산이 필수다. 교장 선생님은 선생님들에게 필요한 게 뭔지 세심하게 고민하신 게 분명하다. 지난번 모임 때, 우리 학교는 양산이 필수라며 너도나도 양산 사야겠다고 웃으면서 얘기한 걸 기억하고 계셨다.

두 가지 종류의 양산을 준비해서, 재밌게 건네주시는데 한참을 웃었다. 바쁜 봄학기, 선생님들을 응원하고 격려하고자 양산을 핑계 삼아 들르신 마음이 느껴졌다. 마음에 드는 양산을 골라 펴 보고, 써 보고, 돌려 보고, 걸어 보는 동안 교실 안엔 웃음이 넘쳤다.

작은 선물이라도 선물은 기분을 좋게 한다. 노란 바구니 들고 두 분이 교실에 들어서는 순간부터 행복해졌다. 바구니 속 양산을 고르는 짧은 순간, 우리는 일에서 잠시 벗어나 어린아이처럼 고르는 재미에 빠졌다. 교장 선생님과 실무사님이 들르시는 교실마다 웃음소리가 터져 나왔고, 어느새 복도는 떠들썩해졌다. 작은 꽃무늬 양산이 예쁘다느니, 큰 무늬가 세련됐다느니 하며 서로 양산을 펼쳐 돌려 보고 맞대 보며 양산 콘테스트가 열렸다. MZ세대 양산이니 복고풍 스타일 양산이니 하며 웃다 보니, 나른한 오후가 생기 넘치는 시간이 되었다. 바쁘고 고된 오후가 양산 덕분에 여유를 만났다. 웃음으로 물들었다.

우리 학교는 교사도 행복한 학교다. 양산 에피소드와 같은 작은 이벤트가 일상에 지치기 쉬운 선생님들 마음을 토닥여 준다. 가끔 우리 학교 바리스타 선생님이 커피 내릴 준비를 해 놓고 '유천 카페로 놀러 오세요.' 메시지를 준다. 하던 일 잠시 내려놓고 쪼르르 교무실로 내려간다. 문을 열자마자 가득 풍겨 오는 커피 향이 뇌를 깨우는 듯하다. 선생님이 직접 내린 커피 한 잔에 푹 빠진다. 진한 커피 향에 취하고, 달콤한 맛에 취하다 보면 에너지를 재충전 받는다. 업무 많은 작은 학교지만, 소소한 커피 타임을 선생님들과 함께 나눌 수 있어 결코 힘들지만은 않다. 커피 한 잔의 여유를 누린 오후는 상담하는 아이들 말도 귀에 쏙쏙 들어오고, 업무도 술술 풀린다.

며칠 전에는 실내화를 선물로 받았다. 구경만 했지 내 평생 한 번도 신어 본 적이 없는 크록스 실내화다. 원래는 옆 반 선생님이 신으려고 샀다. 막상 신어 보니 볼이 좁아 걸을 때마다 불편했다고 한다. 교환하려고 보니, 그리 비싼 가격으로 산 것도 아니고 교환 절차도 복잡했다. 우리 학교에서 그나마 이 신발이 맞을 것 같은 사람으로 내가 생각났단다. 선물로 주는 것이 좋을 것 같아 기쁜 마음으로 가져왔단다. 하얀 크록스에 까만 곰돌이, 금테 두른 네모 세모 보석 액세사리들이 반짝반짝 붙여져 있었다. 한 발짝씩 걸어 보는데 구름 위를 걷는 것 같다. 뽀송뽀송 부드럽게 바닥에 닿는 느낌이 좋았다. 발 전체를 안정감 있게 감싸주는 느낌도 좋았다. 요즘 왜 다들 크록스, 크록스 하는지 이해되었다. 반짝반짝 하얀 크록스 실내화를 신고 복도를 사뿐사뿐 걸었다. 숨은그림찾기 잘하는 아이들은 단번에 달라진 내 실내화를 알아챘다. "선생님, 실내화에 매달려 있는 까만 곰돌이 너무 귀여워요." 한다. 아이들도 내 실내화가 마음에 들었나 보다. 선물 받은 실내화 덕분에 아이들 시선도 사로잡았다. 선생님의 나눔 덕분에 걸을 때마다 행복해졌다.

오늘도 작은 음료수병 하나 건네며, "선생님, 오늘도 파이팅입니다!" 한마디에 힘이 절로 난다. 특별한 일 아닌 듯 무심하게 전해 주는 옆 반 선생님의 작은 응원에 마음이 뭉클해진다. 나도 설문조사 해 달라는 부장 선생님의 작은 부탁에 다른 일 제쳐 두고, 얼른 반응해 드렸다. 도윤이가 오늘은 별일 없었는지 옆 반 선생님의 얼굴을 살핀다. 아이들을 살피듯, 바로 옆의 동료 선생님 표정을 살피는 마음의 여유를 가진다.

일상에서 서로를 위하는 작은 배려가 따뜻한 감동을 준다. 바쁜 오후, 고개 들 틈도 없이 일하고 있는 선생님을 생각하고 작은 선물 건네며 응원하고 격려하는 마음이 큰 힘이 된다. 동료가 한참 힘들어할 시간임을 알아채고 달콤한 커피 한 잔 내려놓고 기다려주는 그 마음이 살 만한 세상을 만들어 준다. 비록 자신에게는 맞지 않는 신발이지만, 옆의 선생님이 꼭 맞으면 너무나 기뻐해 주는 그 마음이, 함께하는 시간을 다정함으로 채워 준다. 우리 학교는 따뜻한 감동이 있는 다정한 곳이다.

교사가 행복해야 아이들도 행복하다. 우리 아이들이 학교에서 잘 웃고 해맑은 건 분위기가 따뜻하기 때문일 것이다. 선생님들의 서로를 향한 배려와 존중이 일상에 녹아 있는 것을 아이들은 느낀다. 긍정적이고 평화로운 분위기는 학생들의 몸과 마음을 평안하고 안정되게 한다. 아이들은 선생님들 상호 간에 협력하고 지지하는 모습을 보고 배운다. 교사는 삶으로 가르친다.

우리 반 알림장

✏️ 오늘의 문장

긍정적이고 평화로운 분위기는 몸과 마음을 평안하고 안정되게 합니다.
아이들은 선생님들 상호 간에 협력하고 지지하는 모습을 보고 배웁니다. 교사는 삶으로 가르칩니다.

☕ 오늘의 생각

힘들 때 위로와 격려를 건넨 친구, 동료를 떠올려 보세요.
기분이 어땠나요?
어떤 말과 행동이 기억에 남나요?

_____

_____

_____

_____

잘 내려진 커피 같은 존재

 우리 학교엔 맛있는 커피머신이 있다. 볶은 원두를 통에 채우고, 물이 정해진 양만큼 있는지 확인한 후, 진하기 정도를 선택해 버튼만 누르면 커피가 완성된다. 커피머신이 있는 학교에서 근무하는 건 처음이다. 쉬는 시간에 잠시 내려와 버튼 누르고 기다리면 윙 소리와 함께 진한 커피가 바로 추출된다. 뜨거운 물을 기호에 맞게 부으면 따뜻한 아메리카노, 얼음을 한 컵 넣고 추출한 커피를 붓기만 하면 아이스 아메리카노가 완성된다. 언제든 맛있는 커피를 마실 수 있다. 맛도 꽤 괜찮지만, 머신 주변에 몰려온 선생님들과의 소소한 커피 타임은 짧은 쉬는 시간 중의 오아시스 같은 휴식이다. 툭툭 던지는 일상 이야기 주거니 받거니 하다 보면, 한바탕 웃음 속에 무거운 걱정들은 아무것도 아닌 일이 되어 버린다. 훨씬 가벼워진 몸과 마음으로 다시 아이들을 만나러 간다. 커피는 선생님들에게 오아시스 같은 존재, 우리를 끈끈하게 연결해 준다.

　커피를 좋아하는 선생님들의 호응을 얻어, 날을 잡아 핸드드립 커피연수를 진행했다. 핸드드립대회에서 챔피언까지 거머쥔 바리스타님을 강사로 초청했다. 특히나 우리 학교 졸업생이라는 사실에 선생님들의 적극적인 환영을 받았다. 강사님은 분위기부터 바리스타 느낌을 풍겼다. 잔뜩 준비해 온 도구들을 상자에서 하나하나 꺼내는데 선생님들의 동공이 점점 커졌다. 여러 종류의 드립퍼, 필터, 서버, 그라인더, 드립 주전자, 저울, 타이머, 온도계, 원산지가 다른 여러 종류의 원두들. 금세 교무실 탁자가 꽉 찼다.

　핸드드립을 잘하는 방법을 배웠다. 준비한 파워포인트를 한 장씩 넘기면서 자세하게 설명해 주시는데 연신 "아하!" 하며 배웠다. 정해진 분량의 원두에 적당한 물의 온도와 양, 물줄기의 속도와 위치, 추출 시간, 이 모든 것이 조화와 균형을 이뤄야만 했다. 핸드드립은 과학이었다. 가끔 집에서 내렸던 핸드드립 커피가 왜 맛이 없었는지 알 것 같았다.
　강사님이 직접 시범을 보였다. 핸드드립을 위한 커피는 어느 정도의 굵기가 적당한지 직접 눈으로 확인했다. 한 잔에 20g 정도의 원두를 사용한다. 서버에 드립퍼를 놓고 필터를 끼웠다. 그라인더에 간 원두를 필터에 붓고 평평하게 해 주었다. 뜨거운 물을 잠시 식혀 온도가 92도를 가리키면 커피를 내리기 시작한다. 내릴 때는 뜸 들이는 시간, 추출 시간을 잘 맞춰야 한다. 드립 주전자로 내리는 물줄기의 속도와 양도 일정하게 조절해야 한다. 추출 시간이 너무 짧아도 너무 길어도 안 된다. 네 스푼 정도의 원두를 추출할 때 3분 내외로 마쳐야 한다. 추출 시간이 길어지면 쓴맛이 강해진다. 반대로 짧으면 산미가 강하고 밍밍해진다. 눈앞에서 직접 핸드드립 하며 설명을 해 주시는데 여간 섬세한 작업이 아니었다. 바리스타 챔피언의 위용을 느낄 수 있었다.

　바리스타님이 직접 내린 커피를 잔에 조금씩 부어 주었다. 향부터 맡았다. 은은한 커피 향이 진하게 전해졌다. 한 모금 마셨다. "우와!" 지금까지 마신 커피 중에 단연 최고였다. 부드럽고 달콤하면서 깔끔한 맛. 첫 모금부터 마지막 한 방울까지 감동을 주는 맛이였나. 커피 맛에 관심 없던 분들조차 감탄사를 연발했다. 역시 제대로 내린 커피는 누구나 알아본다. 맛이 확실히 다르다.

　강사님의 설명과 시연, 시음까지 마쳤다. 우리는 돌아가며 배운 대로 핸드드립을 실습했다. 천천히 조심조심 순서대로 일정하게 정성을 다했다. 꽤 오랫동안 집에서 핸드드립으로 커피를 마셨는데, 이번 수업 들으면서 알았다. 그동안 내 마음대로 해왔다는 것을. 처음부터 다시 배우는 마음으로 강사님이 가르쳐 주신 그대로 해 보려고 노력했다. 손이 덜덜 떨릴 정도로 긴장되었다. 주전자에서 내려가는 물줄기가 얇았다가 굵었다가, 손 높이가 올라갔다 내려갔다 했다. 필터 안의 원두가 이리 튀고 저리 튀고 난리였다. 그동안 제대로 커피 내린 적 없었다는 것이 다 들통났다. 서로 맞게 하는가 지켜보며 많이 웃는 시간이었다. 배꼽 잡고 웃으며 핸드드립 제대로 배우는 시간이었다. 두 시간의 연수가 짧게 느껴졌다.

커피연수에 참가하며 무엇을 배우든 제대로 해야 한다는 걸 깨달았다. 이번 연수가 아니었다면 집에서 대충 내린 커피 맛이 당연한 줄 알았을 것이다. 맛있는 커피 맛 모르고 살 뻔했다. 요즘은 제대로 배워서 내려 먹는 커피 맛 덕분에 삶의 질이 높아진 기분이다. 어느 카페에 가더라도 조금은 커피 맛을 구분할 수 있다. 어떤 게 맛있는 커피인지 느낌이 온다. 잘 배운 덕분이다. 핸드드립 커피든, 아이들 교육이든, 교사 교육이든 뭐든 제대로 배워야 한다. 맛이 달라진다. 삶의 질이 달라진다. 아이들 앞에 서는 교사로서 제대로 배워서 정성껏 가르치는데 게으르지 않도록 노력해야겠다.

커피 한 잔을 내리기 위해서는 물, 온도, 양, 시간 모든 것이 조화와 균형을 이뤄야 했다. 아이들 가르치는 일에 있어서는 더더욱 한 명 한 명에게 맞는 시간, 속도, 양의 조절이 필요하다. 커피를 내리듯 천천히 조심조심 아이를 살피고, 조화와 균형을 맞춰 가며 도와야 한다.

커피는 맛으로 마시고 분위기로 마신다. 혼자 마시는 커피는 분위기에 취하게도 하고, 집중력과 일의 효율성을 높여 준다. 함께 마시는 커피는 사람과 사람을 이어 준다. 커피를 사이에 둔 대화에는 위로와 치유, 비밀스러운 즐거움이 있다. 여럿이서 함께 하는 커피는 친밀감과 동질감 같은 우리라는 의식을 가지게 한다. 커피는 사람을 하나로 엮어 준다. 그러고 보면 커피는 매력이 넘친다.

적당히 잘 내려진 커피 같은 존재로 살았으면 좋겠다. 너무 오래 내려 쓰지 않고, 너무 짧게 내려 밍밍하지도 않은 부드럽고 달콤하게 다가가는 존재이고 싶다. 아이들에게 다정하고 친절한 선생님, 친구와 동료에게 깊고 그윽한 사람 되길 꿈꿔 본다.

우리 반 알림장

✏️ 오늘의 문장

적당히 잘 내려진 커피 같은 존재로 살았으면 좋겠습니다. 아이들에게 다정하고 친절한 선생님, 친구와 동료에게 깊고 그윽한 사람 되길 꿈꿉니다.

☕ 오늘의 생각

커피를 생각하면 떠올려지는 좋은 기억이 있나요?
언제 어디서 누구와 무엇을 했나요?

_____
_____
_____
_____
_____
_____

오늘도 교실은 맑음

책 읽는 교사의 행복

교사의 삶을 살아가며 감사한 일들이 참 많다. 그중에 책과 가까이할 기회가 많다는 것은 감사 중의 감사다. 아이들과 자주 가는 장소 중에 학교 도서관은 단연 최고다. 매년 신간 도서, 희망 도서로 채워지는 도서관은 들어서기만 해도 배부르고 부자가 된 기분이다. 아침마다 아이들과 함께 책 읽는 시간은 가장 좋아하는 풍경이다. 수시로 이루어지는 독서 행사로 교사는 책으로 둘러싸여 있다고 해도 과언이 아니다. 주기적으로 참여하고 있는 선생님들과의 독서 모임도 감사한 일이다.

좋은 환경 덕분에 교직 생활 내내 책과 함께하는 일상을 이어왔다. 때로는 길을 잃지 않기 위해서, 때로는 위로받기 위해서 책을 읽었다. 아이들에게 더 좋은 교사가 되고 싶다는 간절함으로 책을 들기도 했다. 교사로 살아간다는 것은 늘 배워야 하고 고민하는 일상의 연속이다. 매일 마주하는 교실 안의 수많은 이야기 속에서, 나는 스스로 묻고 답해야 될 때가 많다. 그럴 때면 책은 언제나 든든한 동반자였다. 길을 잃었을 때 나침반이 되어 주었다. 지칠 때는 조용한 위로를 건네주었다. 아이들을 더 깊이 이해하도록 이끌었다. 좋은 책을 만나가며 교사의 삶이 조금은 단단해져 갔다. 책에서 길어 올린 문장들과 성찰의 시간은 지금까지 나를 든든히 받쳐 주고 있다.

읽은 책들은 독서 노트에 기록하고, 때로는 블로그에 서평을 남겼다. 이런 일련의 시간이 쌓여가며 언제든지 꺼내 읽어 볼 수 있는 나만의 보물창고 같은 서재가 만들어졌다. 그 책들 중에 몇 권을 소개해 본다.

완전하지 않아서 완벽한 어린이들의 세계, 어른들은 절대 모르는 그들만의 리그를 다룬 『어린이라는 사회』(이세이 저)를 소개하고 싶다. 10년 차 초등학교 교사가 목격한 어린이들의 일상 기록이 재치 발랄하게 쓰인 책이다. 초등학교 교실을 정확하게 그려냈고, 웃픈 현실을 선생님 특유의 재미난 화법으로 표현했다. 누구도 기분 나쁘게 하지 않으면서 교실의 현실을 콕 찌르며 모두를 반성하게 하는 책이다. 1인분의 삶을 치열하게 살아가고 있는 어린이들을 위해 어른들이 할 일은 '어린이라는 사회 밖에서 그들을 존중하는 것'뿐이라는 것을 가르쳐 주고 있다. 책 속 한 문장을 남겨 본다. '학교는 사랑이 가득한 가정과 아이들이 훗날 살아갈 사회 사이의 완충 지대이자 세상을 대하는 법을 연습할 수 있는 최적의 공간이다.'(9쪽)

어린이의 품위를 지켜 주는 품위 있는 어른이 되고 싶다는 김소영 작가가 쓴 책 『어린이라는 세계』(김소영 저)를 소개한다. 작가님의 글에는 '우리 곁의, 내 안의, 세상 속의 어린이를 쾌활하고 다정하고 신중하게 반기는 목소리'가 들리는 듯하다. 어린이에 대해 생각할수록 우리의 세계는 넓어진다는 작가님의 말이 백 퍼센트 공감되었다. 어린이의 느림에 대한 이야기는 마음에 깊이 남았다. 가령, 신발 끈 묶는 게 서툰 어린이에게 중요한 건 빨리 묶어 주는 게 아니라, 아이의 마음을 들어주는 것이다. 아이는 이렇게 말하고 있었다. "지금도 묶을 수 있어요. 어른은 빨리 할 수 있고 어린이는 시간이 걸리는 것만 달라요." 이렇게 말하는 아이의 목소리에 먼저 귀 기울이는 어른이 되어야겠다고 생각했다. 책 속 문장이다. "나는 어린이에게 느긋한 어른이 되는 것이 넓게 보아 세상을 좋게 변화시키는 일이라고 생각한다. 어린이를 기다려주는 순간에는 작은 보람이나 기쁨도 있다. 그것도 성장이라고 할 수 있지 않을까? 어린이와 어른은 함께 자랄 수 있다."(20쪽)

소년원 아이들과 함께한, 좀 특별한 국어 수업 이야기가 담긴 『소년을 읽다』(서현숙 저)를 꼭 소개하고 싶다. 그동안 모르고, 모르려고 했던 소년원의 소년들을 알게 되는 책이었다. 이 세상의 모든 소년들은 좋은 삶이 무엇인지 알고, 좋은 삶을 욕망한다. 소년들은 글을 싫어하는 게 아니라 만난 글과 이야기가 없었을 뿐이었다는 깨달음을 주었다. 평범한 일상을 살아가는 우리 아이들과 다른 삶을 살고 있지만, 우리 모두가 사랑하고 돌봐야 하는 그들의 존재를 작가님의 따뜻한 시선으로 만나는 감동 어린 책이었다. 책 속 한 문장이다. "한 사람의 영혼을 따뜻하게 환대하는 것과는 거리가 먼 그곳, 지금 거기에 있을 소년에게 미안하다. 겨우 일주일에 한 번 찾아가서 얼굴 내밀고, 글이나 몇 줄 읽다가 오는 국어 선생 주제에 엄살 피우는 이야기를 떠들어댔다. 나 역시, 아무것도 변화시키지 못하는 '어른'이었다. 그래서 마음이 편안하지 못하다." 작가 서현숙 선생님이 소년들을 바라보는 따뜻한 시선으로 나도 우리 아이들을 환대하는 매일의 수업을 꿈꾸게 한 책이었다.

마지막으로 『교사의 시선』(김태현 저)을 소개한다. 이 책은 국어를 가르치고 계신 김태현 선생님이 교사로 살아간다는 것이 얼마나 가슴 뛰는 일인지 삶으로 보여 주는 책이다. 늘 작음을 경험하는 교사들에게 시선, 심미안, 메시지, 커뮤니티, 콘텐츠, 디자인이라는 여섯 개의 단어를 가지고 교사가 어떻게 주체적이고 행복한 삶을 살아갈 수 있는지 희망을 보여 준다. "교사는 구도자다. 삶에서 가장 가치 있고 의미 있는 것을 찾아 떠나는 구도자다. 때로는 불현듯 찾아오는 슬픔에서도 삶을 견디게 하는 비밀을 찾아야 하고, 절망 속에서도 별을 노래하는 법을 찾아야 한다. 일상에서 일어나는 봄날 같은 순간을 찾아, 내 삶의 꽃을 피워야 한다."(185쪽) 어떤 절망 속에서도 봄날 같은 순간을 찾아 가치와 의미를 발견하는 삶의 본이 되기를 소망한다. 교사의 삶을 위로하고, 자존감을 높여주며, 희망을 보여 주는 이 책이 꼭 필요한 선생님께 사뿐히 내려앉길 바란다.

한 권 두 권 책을 만나며 나는 겸손한 교사가 된다. 몰랐던 아이들의 세계에 눈을 뜬다. 책 속 거울 앞에 서서 나를 똑바로 만나며, 그제야 나아갈 길이 보이기도 한다. '참 부족했구나, 서툴렀구나.' 인정해 가며 한 걸음 앞으로 나아간다. 늘 보잘것없는 모습을 발견하지만, 감사하다. 얼마나 다행인가. 책 덕분에 하나씩 깨달아 가니 말이다. 이 세상의 모든 책들과 작가님들께 감사의 마음을 전한다. 덕분에 오늘도 자란다. 또 한 걸음 성장한 교사가 된 것 같아, 아이들 앞에 한껏 당당해진 모습으로 선다. 나는 책 읽는 행복한 교사다.

우리 반 알림장

✏ 오늘의 문장

한 권 두 권 책을 만나며 겸손한 교사가 됩니다. 몰랐던 아이들의 세계에 눈을 뜹니다.

☕ 오늘의 생각

인상 깊게 읽은 책을 떠올려 보세요.
책 속 한 문장과 느낌이 어떠했나요?

_____
_____
_____
_____
_____
_____
_____

아이들과 함께 배우는 교사

"Hi, Nazz! How are you?"

오후 4시 40분. 하루 일과를 마치고, 분주했던 오늘을 정리한다. 웹캠을 켠다. 화면 너머로 나츠 선생님이 환하게 웃고 있다. 필리핀 마닐라에 사는 원어민 선생님이다. 한결같이 높은 톤의 목소리로 또박또박 반가운 인사를 건넨다. 화면으로 비치는 내 표정도 순식간에 바뀌었다. 무미건조하던 얼굴이 생기를 머금었다. 조금 전까지 파김치처럼 흘러내렸던 몸이 허리부터 꼿꼿하게 세워진다. 멍해 있던 뇌도 전기가 들어오듯 뱅글뱅글 돌아가기 시작한다. 기분 좋은 긴장이다. 그렇게 30분 동안 나츠 선생님과 영어 회화 수업을 하고 나면 교실에서의 나의 하루는 끝난다. 매일의 루틴처럼 이어지고 있다. 때로는 수업에 들어가는 것이 귀찮을 때도 있고 피곤할 때도 있다. 하지만, 일단 들어가서 시작하기만 하면 30분이 금방 지나간다. 이후에는 뿌듯함이 있다. 5년 넘게 이 수업을 이어오다 보니, 이제는 외국인과 대화하는 것이 두렵지 않다. 완벽한 영어는 아니지만, 어떤 상황에서도 대화를 이어 갈 수 있는 자신감만큼은 생겼다. 매일 30분씩 꾸준히 해 온 원어민 화상 영어 수업 덕분이다.

한 가지 배움은 또 다른 배움으로 연결된다. 영어를 꾸준히 공부하다 보니, 영어를 매개로 할 수 있는 활동에 관심이 많다. 교육청에서 운영되고 있는 글로벌 토크단은 5년째 이어오고 있다. 영어를 좋아하고 영어 수업 향상력을 위해 애쓰고 계신 선생님들이 모였다. 원어민 선생님과 다섯 분의 선생님들이 2주에 한 번씩 모여 다양한 주제로 영어 토론을 한다. 오랫동안 영어 수업이라는 연결고리로 이어져 온 선생님들과는 꽤 친밀한 사이가 되었다. 마음이 통하는 선생님들과 글로벌 토크단 활동으로 함께하는 시간 자체가 참 좋다. 모두가 좋아하는 영어를 원어민 선생님과 심도 있게 우리의 기호에 맞춰서 배울 수 있으니 너무나 좋은 기회다. 영어 수업과 관련된 정보교류는 덤으로 얻는 유익이다. 배움이 이렇게 좋은 사람들과의 연대를 만들어 주었다.

지난주 토요일에는 문화 예술 특강 연수를 다녀왔다. '뮤지컬 배우에게 직접 듣는 뮤지컬, 삶을 노래하고 춤추다'는 주제로 특강이 진행되었다. 세 시간 삼십 분 동안 진행된 전문 뮤지컬 배우에게 듣는 이야기는 뮤지컬 세계에 조금이나마 눈을 뜨게 해 주었다. 뮤지컬에는 넘버가 있으며 넘버의 종류에는 '서곡, I am song, I want song, Show stopper'이 있다는 것을 알게 되었다. 그렇게 배우고 나니 지금까지 봐왔던 뮤지컬의 흐름이 조금은 이해되었다. 이제 뮤지컬 볼 때면 전보다는 더 즐길 수 있을 것 같다. 나는 여건이 된다면 다양한 종류의 연수를 들으려고 한다. 아이들과 공유할 수 있고 아이들에게 전해 줄 수 있는 세계가 더 넓고 깊기를 바란다. 내가 더 넓은 세계에 눈을 뜰 때 아이들의 세계도 확장될 것이다.

배움은 끝이 없다. 그래서 배움은 항상 새롭고 즐겁다. 교사로서 가르치는 삶도 즐겁지만, 배우는 삶은 더 즐겁다. 정체되어 있지 않고 발전하는 기분은 나이가 들수록 소중해진다. 몸은 마음 같지 않지만, 마음은 오늘도 활기차고 생기 있다. 배움이 주는 즐거움 덕분이다.

아이들도 평가에서 벗어난다면 배움의 즐거움을 더 자주 느낄 것이다. 요즘 '세 자리 수 나누기 두 자리 수' 나눗셈을 배우고 있다. 아이들은 처음엔 문제만 딱 보고, 언니들에게 어렵다는 소리만 듣고 표정이 좋지 않았다. 그런데, 하나하나 배워 가며 어렵게 보이던 나눗셈 문제들을 잘 해결하고 있다. 문제를 풀어갈수록 아이들의 표정에 나눗셈의 즐거움이 느껴졌다. 어느 날은 "선생님, 문제 더 내주세요! 제발요!" 애원하기까지 한다. 몰랐던 나눗셈의 세계를 알아가는 아이들의 기쁨이 얼마나 클지 알 것 같다. 이런 배움들이 또 다른 배움으로 잘 이어져 갔으면 좋겠다. 나는 자칫 평가를 위한 배움으로 아이들의 즐거운 배움의 세계를 절대로 깨뜨리지 않을 것이다.

배움은 새로운 세계에 눈뜨게 한다. 내가 영어를 언어 자체로 관심을 가지고 배우게 된 것은 40대부터였다. 일상과 연결되는 새로운 언어를 배워 가며 나의 세계는 확장되었다. 원어민 선생님들과 교제하며 문화교류, 정보교류가 자연스럽게 이어졌다. 영어 전담 교사, 영어 캠프 등 영어로 진행하는 수업에 전문가로 성장하고 있다. 외국인 친구와의 자연스러운 만남, 원서에서 찾아보는 정보들. 영어가 나의 세계에 날개를 달아 주었다. 영어뿐만 아니다. 뮤지컬, 그림책, AI, 환경교육, 사진과 영상. 나의 세계는 매일 확장되고 있다.

우리 아이들은 비록 작은 학교지만 창체 시간, 방과 후 활동 등을 활용해 다양한 배움의 시간을 가진다. 우쿨렐레, 오카리나, 브릭, 댄스, 풋살, 바른 체형 체육, 컴퓨터. 매일 새로운 배움을 통해 또 다른 세계의 문을 하나씩 열어가는 아이들의 미래가 기대된다.

가르침은 배움에서 시작된다. 가르치는 교사이기에 더욱 배움에 열정을 쏟는 게 어찌 보면 당연한 일이다. 매일 배움의 길 위에 서 있을 때, 아이들 앞에 서는 일이 두렵지 않다. 아이들을 가르치는 일에 자신감을 잃지 않고, 아이들과의 소통이 자연스러운 것은 오늘도 배움의 길을 걷고 있기 때문이다. 그래서 배움은 멈출 수 없다.

배움은 어린아이 같은 순수를 잃지 않게 한다. 배우면 배울수록 부족함이 느껴지기 때문이다. 겸손해진다. 섣불리 가르치려 들기보다 겸손한 경청자의 태도를 가진다. 그래서 사람들을 얻기도 한다.

세네카는 '나는 가르치기 위해 배우고, 배우기 위해 가르친다'라는 말을 했다. 아이들과 함께 하는 일상 자체가 끊임없이 배우는 과정이다. 아이들로부터 배우고, 부모들로부터 배우고, 동료들로부터 배운다. 교실 속 실패와 실수를 통해서도 배우고 있다. 그러고 보면 나는 참 행복한 사람이다. 가르치고 배우는 삶을 매일 이어 가고 있으니 말이다.

우리 반 알림장

✏️ 오늘의 문장

매일 배움의 길 위에 서 있을 때, 아이들 앞에 서는 일이 두렵지 않습니다.

☕ 오늘의 생각

요즘 배우고 있는 것이 있나요?
자신에게 배움의 과정이 어떤 의미가 있나요?

_____

_____

_____

_____

_____

_____

_____

감사의 마법

"예린아, 오늘도 열심히 공부하고 학교생활 잘 해 줘서 고마워." 살짝 안아 주고 하이파이브 하며 보냈다. 하교할 때면 뒷문에 서서 꼭 하는 루틴이다. 내 진심을 알아주었는지 아이들도 잊지 않고 말해 준다. "선생님, 고맙습니다. 안녕히 계세요." 우리 반은 시도 때도 없이 감사를 잘 표현한다.

감사는 선택이다. 감사의 눈으로 바라보면 모든 것이 감사하고, 불평의 눈으로 바라보면 모든 것이 불만스럽다. 감사할 수 있는 환경과 상황에서는 누구나 감사할 수 있다. 감사할 수 없을 때조차 감사할 수 있다면 진정 감사를 누릴 줄 아는 사람이다.

아이들에게 감사하는 습관을 꼭 가르치고 싶다. 그래서 내가 먼저 모든 상황에 감사를 선택하려고 노력한다. 자주 나에게 묻는다. 나는 오늘도 감사를 선택하고 있는가?

　수학은 유독 아이들이 긴장하고 어려워하는 과목이다. 그래서 불평도 많이 나오고, 한숨도 자주 내쉬는 시간이다. 오늘 배운 문제가 잘 풀리면 이것보다 더 감사한 일이 없다. 기분도 좋아지고 웃음도 절로 난다. 그러나 매번 술술 풀리면 얼마나 좋겠는가? 현실은 풀리는 날보다는 안 풀리는 날이 많고, 쉬운 문제보다는 어려운 문제들이 많아 보인다. 작은 실수 때문에 문제가 완전히 꼬일 때는 얼마나 많은가! 수학 시간 감사하기 어렵다. 잘하다 가도, 작은 장애물 앞에서 금세 어렵다느니, 하기 싫다느니, 수학만 없으면 천국이라는 둥, 불평이 나온다. 그때가 감사를 선택할 때다.

　"선생님은 너희가 이렇게 어려운 문제를 풀 정도로 높은 학년으로 진급해서 뿌듯하고 감사해." 억지같이 보이는 감사일지라도 이렇게 말한다. 어떤 아이는 "에이~~" 한다. 그래도 꿋꿋이 감사를 이어 간다. "세 자리 수 나누기 두 자리 수는 곱셈구구도 잘해야 하고, 세 자리 수 곱하기 한 자리 수, 세 자리 수 나누기 한 자리 수를 뗀 사람만 할 수 있는 거야. 너희들 실력이 조금씩 쌓여서 여기까지 왔으니 벌써 대단한 거야. 선생님은 감동이고, 너희들에게 고마워. 또 실수해도 괜찮으니 한 번 더 풀어 보자." 진심을 담아 얘기해 준다. 그러면 아이들은 아무 소리 안 하고 다시 문제와 씨름한다. 몇 차시가 지나면 아이들 입에서 꼭 이런 말이 나온다. "선생님, 나눗셈이 쉬워졌어요. 헤헤." 나는 안다. 이 말 안에 '선생님, 모르는 것 가르쳐 주셔서 감사합니다. 새로운 것 배우고 할 수 있게 되어 기뻐요.'가 숨어 있는 것을 안다. 그래서 아이들이 불만 불평할 때는 더욱 감사로 선수 치려고 한다. 감사를 선택한 선생님의 좋은 영향이 아이들에게 조금씩 스며드는 것을 안다.

감사하면 더 잘 살아진다. 지금까지 여러 학교를 거쳐 오며 이렇게 다양한 종류의 업무를 한꺼번에 맡은 적은 처음이다. 굵직한 것만 해도 생활, 정보, 안전, 학교폭력, 상담, 마음 건강, 학생 자치회, 영어 교육. 손에 다 꼽을 수 없다. 처음엔 이렇게 작은 학교에 발령받다니 운이 없어도 정말 없다고 생각했다. 열 명이 나눠서 해도 적지 않은 일을 혼자 독박 쓰게 되었으니 지지리도 복이 없다고 여겼다. 게다가 복식학급 담임이라니! 수업을 잘할 수 있을까? 오만가지 걱정이 앞섰다.

불평한다고 달라지는 건 없었다. 마음만 힘들 뿐이었다. 생각을 고쳐먹었다. 이왕 하게 된 거 겁내지 말고 잘해 보자 다독였다. 여태껏 해 보지 않은 업무, 이번 기회에 제대로 알아나 보자 했다. 잘하진 못해도 모르는 것 물어 가며 하면 되지 않을까 생각했다. 1년 내내 우왕좌왕하며 실수도 많았다. 작은 일 하나를 해내는 데도 많은 시간이 걸렸다.

하지만 살아졌다. 여러 업무 하다 보니 학교가 어떻게 유기적으로 연결되어 돌아가는지 한눈에 들어왔다. 나만 일이 많은 줄 알았는데 알고 보니, 작은 학교 동료 선생님 한 분 한 분이 나 못지않은 산더미 같은 업무를 짊어지고 있었다. 내 생각에 묻혀, 그동안 눈에 보이지 않았던 선생님들의 노고가 보이기 시작했다. 묵묵히 감당하고 있는 선생님들이 감사했다. 복식학급을 배려하여 수업 지원 선생님이 오셔서 도와주시는 것도 당연한 것이 아니라 큰 감사였다. 잦은 실수에도 그럴 수 있다고 이해해 주고 격려해 주는 선생님들의 따뜻한 손길을 많이 경험했다. 지금은 이곳에 발령받아서 오히려 감사를 더 많이 하고 있다. 배우는 것이 많아 감사하다. 선생님들과 더 깊고 따뜻한 연대를 이어 갈 수 있어 감사하다. 내 안에 꼭 들어와 아기자기하게 즐겁게 배우는 아이들 덕분에 행복하다. 감사하니 다 살아졌다. 감사하니 더 잘 살아졌다.

감사는 하면 할수록 눈덩이처럼 불어난다. 유천 작은 학교에 발령받고 3년 차를 살아가고 있다. 감사하게도 많은 것이 좋게 변했다. 무엇보다 내 마음이 그렇다. 이제 일은 두렵지 않다. 해 보지 않은 일 앞에서도 '하면 되지!' 하는 용기와 자신감이 생겼다. 아직도 우당탕, 난리 끝에 겨우 마무리하고 나면 실수가 가득하지만, 이젠 자책하거나 절망하지 않는다. 바로 고치고 다시 해낸다. '그럴 수도 있지' 하며 스스로 다독일 줄 안다.

3년 전의 나와 비교하면 지금의 나는 훨씬 여유롭고 단단하다. 그런 나를 스스로 칭찬하게 된다. 그리고 이 모든 변화가, 이 모든 순간이 그저 감사하다.

우리 반 아이들에게는 '고맙습니다', '고마워', '감사합니다'라는 말이 자연스럽다. 매일 아침 공책에 감사한 일을 적다 보니, 그 말들이 생활 속에 스며들었다. 하루에도 몇 번씩 '이래서 감사', '저래서 감사'라고 말하는 선생님이 곁에 있으니, 그 마음이 전염되지 않을 수 있겠는가. 오고 가는 감사의 말이 풍성한 요즘, 감사가 눈덩이처럼 불어나 따뜻한 교실을 만들어 가고 있다.

감사는 주어지는 것이 아니라, 선택하는 것이다. 어떤 상황에서도 감사를 선택하면 삶이 좋아진다. 어려운 인생길도 더 잘 살아진다. 나와 우리 아이들은 오늘도 감사하며 산다. 조금 힘들어도 감사를 선택한다. 감사의 마법을 오늘도 경험한다.

우리 반 알림장

✏️ 오늘의 문장

감사는 주어지는 것이 아니라 선택입니다. 어떤 상황에서도 감사를 선택하면 삶이 좋아집니다.

☕ 오늘의 생각

지금 감사하기 힘든 부분이 있나요?
감사를 선택해 보세요. 감사한 것 세 가지 적어 보아요.

_____

_____

_____

_____

_____

_____

교사, 자리 관리부터

교사의 삶은 주는 삶이다. 지식뿐만 아니라 사랑, 친절, 용기, 희망, 열정, 꿈을 주는 삶이다. 내가 가진 에너지를 아이들에게 흘려보내는 삶이다. 교단에 서는 동안은 퍼도 퍼도 마르지 않는 샘물처럼 살아갈 수 있다면 참 행복한 교사의 삶이다. 건강이 고갈된다면 아이들 앞에 설 수 없다. 내면이 고갈된다면 아이들에게 줄 수 있는 게 없다. 번아웃 되었어도 여전히 아이들 앞에 서야 하는 교사의 고충은 더 말해 무엇하랴. 몸과 마음이 건강할 때 아이들과의 소통은 활기차고, 삶의 의미는 뚜렷해진다.

교사의 자기 관리는 무엇보다 중요하다. 건강 관리, 마음 관리 어느 것 하나 소홀히 할 수 없다. 이렇게 두고 보면 교사는 본인뿐만 아니라 아이들을 위해서도 자기 관리를 잘해야 한다. 좀 거창하게 들리겠지만 나라와 인류의 미래를 위해 교사는 책임과 의무를 갖고 자기를 돌봐야 한다.

나는 건강 관리를 위해 시간을 낸다. 건강을 챙기기 시작한 것은 그리 오래되지 않았다. 최근 3~4년 사이에 부쩍 관심 가지게 되었다. 목과 어깨 통증 때문에 여러 군데 병원을 다니고, 좋다는 약 먹어 가며 깨달았다. 건강이 무너지면 일상이 무너진다. 건강 관리가 행복한 일상의 바탕이 된다. 이런 깨달음을 얻으며 평소에 건강을 돌보려고 노력한다. 거창하지 않지만 작은 실천을 '매일 꾸준히' 지키려고 한다.

아침에 일어나자마자 따뜻한 물 두 컵을 천천히 마신다. 아침에 물 마시기 별것 아닌 것 같지만, 노력하지 않으면 꾸준히 할 수 없는 일이다. 하루도 거르지 않고 꾸준히 이어오니, 아침마다 활기가 느껴진다. 장 건강에 좋다는 것도 바로 느낄 수 있었다. 작지만 아침 15분 운동을 꼭 한다. 스쿼트 100회, 런지 50회, 플랭크 60초로 근력 운동을 잊지 않고자 한다. 최선을 다하는 중이다. 점심시간에는 아이들과 운동장에서 논다. 운동장 걷기를 한다. 퇴근 후에는 반려견과 산책한다. 나무로 둘러싸인 동네 산책길을 반려견과 걸으며 몸도 마음도 힐링하며 하루를 마무리한다. 매일 반려견 산책이 귀찮지 않냐고 묻는데, 내겐 더없이 소중한 시간이다. 반려견과 교감하는 시간, 자연과 교류하는 시간, 일석이조의 시간이다. 건강 관리도 '매일 꾸준히'가 중요하다.

마음 건강도 몸 건강 못지않게 중요하다. 마음이 관리되지 않으면 건강도 무너진다. 현대인들은 스트레스 관리가 되지 않아 온갖 질병을 달고 산다고 하지 않는가.

나도 마음을 잘 돌보고 챙기려고 한다. 나는 신앙이 있는 게 얼마나 감사한지 모른다. 감당할 수 없는 한계에 부딪힐 때마다 한없이 작은 나를 발견 한다. 그때마다 신앙의 힘으로 일어서게 된다. 부족하고 실수 많은 나도, 있는 그대로 인정하게 된다. 그러면서 조금씩 다듬어져 가고 성장해 가는 나에게 소망을 본다. 내게 부족한 사랑, 친절, 용서, 배려, 공감을 공급받는다. 매일 아침 성경 묵상, 기도의 시간을 가진다. 내 문제, 내 생각에만 갇혀 있던 마음이 아이들에게로 이웃에게로 옮겨지는 시간이다. 내 문제는 작아 보이고, 내 걱정은 아무것도 아니었음을 보게 된다. 아이들에게 줄 뭔가로 한껏 부풀어진 마음이 된다. 매일 아침 깨끗이 씻고 단장을 하듯, 나는 이 자리까지 나를 이끌어 오신 그분 앞에 정직하게 또 하루를 살아 내길 두 손을 모은다.

일기 쓰기와 독서는 또 다른 마음 관리의 좋은 도구들이다. 하루를 돌아보며 일기를 쓰다 보면, 그냥 흘려보낸 것 같은 오늘에 가치와 의미가 부여된다. 반성하고 고치고 바꿔가야 할 일도 챙기게 된다. 실수했지만 돌아보니 이 또한 배움의 시간이었구나 알게 된다. 머릿속에 맴도는 생각은 정리가 되지 않지만, 종이에 적으면 생각은 어느새 정돈되고, 복잡한 생각도 비워진다. 혼란스러울 때마다 일기장을 펼친다. 일기장에 하루를 쏟아 놓으면 일기장이 말을 건넨다. '힘들었겠다', '괜찮아질 거야', '힘내'. 이 시간은 나를 챙겨주는 시간이다.

독서는 말해 무엇하랴. 내가 가 보지 않은 길을 앞서 걸어가며 얻은 지혜와 깨달음을 고스란히 책 속에 담고 있다. 그분들이 남겨 준 글 속에서 인생의 보화를 캐낸다. 한 줄 문장에서 마음이 위로받는다. 한 단어에서 눈이 번쩍 뜨인다. 딱딱한 마음도 말랑말랑해진다. '그랬구나', '이제야 알겠다', '이러면 되겠네'. 나와 타인을 이해하는 순간이다. 무엇을 선택하고 어느 길로 가야 하는지 방향이 보이기도 한다. 아무것도 하기 싫다가도 몇 쪽 읽다 보면 스르륵 다시 뭔가를 시작할 힘을 얻는다. 내 책상에는 항상 책이 놓여 있다. 가방에도 늘 한두 권의 책이 들어 있다. 책이 늘 곁에 있어 얼마나 든든하고 고마운지 모른다. 일기 쓰기와 독서로 마음 관리, 꽤 괜찮다.

아이들을 위해 몸과 마음의 건강을 지키려는 노력은 선택이 아니라 필수다. 교사가 건강해야 아이들도 건강하다. 여전히 교사의 몸과 마음을 돌보는 일은 개인의 몫으로 남아 있다. 가끔은 이런 생각이 든다. '교사 마음 돌봄 프로젝트' 같은 제도적인 시스템이 활성화된다면 얼마나 좋을까. 과거와 비교해 상황이 나아지고 있다. 하지만 현실은 녹록치 않다.

시간은 늘 부족하고, 프로그램은 어딘가 1%씩 아쉽다. 교사들이 실질적으로 활용할 수 있는 환경과 프로그램이 더 갖춰지길 바란다.

나는 오늘도 내 몸과 마음을 챙긴다. '괜찮아, 오늘도 잘했어.' 나를 따뜻하게 안아 준다. 그리고 힘내어 다시 아이들 앞에 선다.

우리 반 알림장

✏️ 오늘의 문장

아이들을 위해 몸과 마음의 건강을 지키려는 노력은 선택이 아니라 필수입니다.
교사가 건강해야 아이들도 건강합니다.

☕ 오늘의 생각

마음과 몸의 건강은 잘 챙기고 있나요?
요즘 자신만의 건강 관리 꿀팁은 어떤 것들이 있나요?

_____

_____

_____

_____

_____

_____

블로그로 글 쓰는 교사

"아니, 이렇게 컸다고!"

얼른 휴대폰을 꺼냈다. 타임스탬프 앱을 열어 사진부터 찍었다. 손바닥보다 큰 잎들이 빽빽이 자라 나지막한 숲을 이루고 있었다. 앱에 찍힌 사진에는 '4월 27일 오후 12:27'이라는 글자가 선명했다. 사진첩을 뒤적이며 무늬옥잠화 사진만 골라 봤다. 처음 찍은 날은 3월 28일, 겨울 땅을 뚫고 작고 연한 잎이 삐죽 솟아나던 모습이었다.

3월 30일 오후 12:39. 이틀 만에 잎은 조금 더 자라 있었다. 4월 3일 오후 12:27, 잎들이 위로 쭉쭉 키 재기 하듯 자라 어린잎은 거의 보이지 않았다. 4월 10일, 이제 잎은 위로만 자라지 않고 옆으로도 늘어지며 진한 녹색으로 물들었다. 4월 13일에는 무늬옥잠화가 한쪽 화단을 빽빽이 채우더니, 4월 27일에는 그 존재감이 화단에서 최고였다.

땡볕이라는 것도 잊은 채, 교실 옆 화단에서 한참을 서 있었다. 사진과 무늬옥잠화를 번갈아 보며 감탄이 절로 나왔다. 매일 기적처럼 자라는 이 아이들을 보며, 문득 우리 반 아이들도 보이지 않게 매일 자라고 있다는 사실이 떠올랐다. 긴 겨울을 견디고 올라온 봄의 새싹처럼, 오늘도 성장하는 아이들이 보였다. 이 감동을 놓치고 싶지 않았다. 기록하고 싶었다.

블로그를 열었다. '해냈어제니의 향기롭고 따뜻한 공간'. 회색 바탕에 노란색으로 쓰인 제목이 반겨준다. 지금까지 올린 글은 1,108개. '행복한 글쓰기, 1day 1book 1act, 다이어리 테라피, 행복한 학교, 신앙, 아티스트 데이트, 가족 이야기, 영어로 한 걸음 더'와 같은 카테고리가 정갈하게 정리돼 있다. '글쓰기'를 클릭하니, 흰 도화지 같은 포스팅 화면이 펼쳐졌다.

제목은 '무늬옥잠화도 아이들도 폭풍 성장'이라고 붙였다. 무늬옥잠화의 성장 과정을 날짜순으로 사진과 함께 올렸다. 연약한 새순에서 울컥했던 마음, 하루하루 경이롭게 자라난 모습, 화단을 가득 채운 푸르름까지. 그리고 아이들. 지금은 보이지 않지만 분명 자라고 있는 아이들의 모습이 무늬옥잠화와 겹쳐 보였다. 화단 속 성장 기록은 곧 우리 반 아이들의 성장 기록이었다.

그냥 흘러갈 수도 있었던 순간이, 기록으로 남아 언제든 꺼내 볼 수 있는 추억이 되었다.

나는 사진 찍는 것을 좋아한다. 좋아하는 이유는 기록과도 연결된다. 아무리 감동적인 순간이라도 시간이 흐르면 빛바래기 마련이지만, 그때의 느낌을 사진과 글로 남겨두면 다시 꺼내 읽을 때마다 감동은 살아난다. 갤러리에서 잊히던 사진이 블로그 속 글과 만나 예쁜 추억으로 되살아난다. 블로그가 있어서 고맙다.

블로그를 열 때면 추억 상자 여는 기분이다. 올해 영산홍이 한창일 때, 문득 작년에는 언제쯤 피었나 싶어 블로그를 열어 본다. 어김없이 요맘때쯤 아이들과 찍은 영산홍 사진이 있다. 삐뚤빼뚤 앉아 있던 아이가 올해는 똑바로 앉아 환히 웃으며 사진을 찍는다. 참 많이 자랐다.

처음 블로그를 시작한 4년 전엔 대부분의 글을 비공개로 썼다. '혹시 누가 내 글을 읽게 되면 어쩌지? 형편없다고 지적하면 어떡하지?' 걱정이 앞섰다. 지금은 공개로 전환해 담담히 일상을 올린다. 글 실력이 늘어서가 아니다. 완벽해야 한다는 부담에서 벗어났기 때문이다. 지금의 내 글은, 그 순간 최선을 다한 나의 글이기 때문에 당당하다. 나는 여전히 글쓰기를 배워 가는 교사이므로 부족해도 괜찮다. 결정적으로, 내 글을 꾸준히 읽는 사람이 거의 없다는 사실이 나를 더 편안하게 해 주었다. 이젠 누굴 의식하지 않고 솔직하게 일상을 남긴다. 글쓰기 덕분에 나를 돌아보고, 지나온 날들을 성찰하게 된다. 그때는 아이들과 이런 활동, 이런 일들을 했었지 추억할 수 있다. 어느 날 다시 꺼내 읽으며 '참 잘 살아 왔구나' 나를 칭찬해 주고 싶은 공간이다. 힘겨운 날 언제든 클릭하여 위로받고 싶은 장소이다. 어깨가 축쳐진 날 무심히 읽다 보면, 한껏 성장한 나와 아이들을 만나는 따뜻한 공간이다.

나는 블로그에 포스팅을 남기지만, 교사의 글쓰기는 어떤 형태든 의미 있다. 교사 글쓰기의 유익한 점은 많다.

첫째, 교실 속 이야기는 금세 흐려진다. 기록은 그 순간의 기억을 붙잡아, 때론 지식으로, 때론 교육의 밑거름으로 남는다.

둘째, 글쓰기는 교사 자신을 비추는 거울이다. 한 줄의 기록이 삶을 비추고, 교사도 아이들도 함께 자란다.

셋째, 글쓰기는 감정을 정리하는 도구다. 글을 쓰면서 마음을 비우고 다독이며 위로받는다.

넷째, 글로 남긴 일상은 사소한 것들 속에 피어나는 의미로운 깨달음으로 가득하다. 기록하며 의미를 발견하게 한다.

다섯째, 기록이 쌓일수록 교사는 단단해지고, 소명의 자리에 더욱 든든히 서게 된다.

교사로 산다는 것은, 어쩌면 한 권의 책을 써 내려가는 일일지도 모른다. 나의 일상은 단 한 순간도 무의미하지 않다. 책을 써 내려가듯 오늘을 정성껏 살아간다.

우리 반 알림장

✏️ 오늘의 문장

교사로 산다는 것은, 어쩌면 한 권의 책을 써 내려가는 일일지도 모릅니다.
우리의 일상은 단 한 순간도 무의미하지 않습니다.
책을 써 내려가듯 오늘을 정성껏 살아갑니다.

☕ 오늘의 생각

여러분의 글쓰기를 떠올려 보세요.
글쓰기가 여러분에게는 어떤 의미가 있나요?

_____
_____
_____
_____
_____
_____

나를 돌보는 시간

목덜미가 뻐근하다. 목을 한껏 뒤로 제칠 수가 없다. 어깨는 돌덩이 몇 개를 올려놓은 것처럼 무겁고 딱딱하다. 최근 5년간 자료를 찾아보고 보고해야 하는데 머리가 복잡하다. 꾹 참고 에듀파인 검색창에 몇몇 단어를 입력해 본다. 전임자 이름도 넣어 검색해 본다. 원하는 내용이 바로 찾아지지 않는다. 목, 어깨, 머리 어디 가벼운 곳이 없는데, 검색인들 가볍게 될까. 이럴 때는 책상에서 벗어나야 한다. 뚫어져라 모니터를 쳐다보던 눈에 힘을 뺐다. 키보드에서 잠시도 떼지 않던 손을 내려놓았다. 마우스도 한쪽으로 치웠다. 자석처럼 딱 붙어 있던 의자에서 엉덩이를 떼니, 바퀴 달린 의자가 스르르 뒤로 밀려났다. 두 손을 깍지 끼고 두 팔을 위로 쭉 뻗어 뒤꿈치까지 한껏 들어 올렸다. 머리끝부터 발끝까지 피가 쭉쭉 뻗어가는 것 같다. 조금은 가벼워진 기분이다.

이런 날엔 일이 산더미처럼 있어도 내려놓아야 한다. 아무리 애써도 안 된다. 책상 옆 공간에 매트를 깔았다. 눈이 편안해지는 민트색 매트가 눈앞에 쫙 펼쳐졌다. 스트레칭에만 집중하기로 한다.

6년 전 근무하던 학교에서였다. 교사 동아리로 일주일에 한 번 스트레칭 겸 요가를 배웠다. 강사님은 오랫동안 요가를 꾸준히 해 오신 옆 반 선생님이셨다. 재능기부로 가르쳐 주셨지만, 전문가 못지않았다. 한동안 요가는 나와 맞지 않는 운동이라고 생각했다. 고등학교 때 2년 동안 무용 수업을 했다. 시작할 때 10분, 끝날 때 10분 매번 스트레칭을 했다. 2년 동안 1주일에 한두 번 무용 수업을 했는데, 보통 친구들은 어느 정도 시간이 지나면 몸이 유연해졌다. 앉은 자세에서 두 다리를 쭉 뻗은 채, 손끝이 발가락에 닿는 것 정도는 친구들 대부분이 해냈다. 어떤 친구들은 허리와 등까지 납작하게 일자기 되어 유연함을 자랑했다. 대부분의 친구들은 쉽게 했지만, 나는 절대 안 되었던 동작이 또 있다. 앉은 자세에서 발바닥을 서로 맞대고 허리를 굽히면 사타구니가 쫙 펴지며 양쪽 바깥 허벅지가 바닥에 닿는다. 나는 2년을 연습했어도 안 됐다. 무용 선생님이 특별히 나의 등을 온몸으로 눌러주고 당겼는데, 그저 고통스러울 뿐이었다. 유연성이라고는 1도 없었다. 무용 수업이 고역이었던 내게 그때의 스트레칭을 떠올리게 하는 요가 동작들은 가까이하고 싶은 운동이 아니었다.

  하지만, 내가 존경하는 옆 반 선생님의 "박 샘, 꼭 와요!" 한마디에 요가 강사로 등극하게 된 선생님을 응원하는 마음으로 첫날 수업에 참여했다. 폭신폭신한 매트 위에 힘을 빼고 앉았다. 선생님의 말에 귀 기울이며 보여 주시는 동작 하나씩 따라 했다. 가만히 천천히 목을 오른쪽으로 10회, 또 천천히 왼쪽으로 10회 돌렸다. 목을 돌렸을 뿐인데, 그렇게 시원할 수가 없었다. 아마도 이렇게 천천히, 내 목에만 집중하여 진지하게 목 돌리기를 해 본 적이 있었나 싶었다. 첫날 요가 수업은 쉽고 가볍고 시원했다. 목 돌리기, 어깨 돌리기, 팔 펴기, 등 오므렸다 펴기, 허리 돌리기. 상체만 했는데 한 시간이 훌쩍 갔다. 내 목에, 어깨에, 팔에, 등에, 허리에 이렇게 관심 가져 준 적 있었던가. 관심 가져 주고 집중하니, 내 목이 어깨가 팔이 등이 허리가 기뻐하는 것 같았다. "관심 가져줘서 고마워"하는 듯했다. 그때 깨달았다. '그동안 내 몸을 잘 살피지 못했구나. 잘 돌보지 못했구나!' 첫날의 신선한 경험은 5개월 동안 모범적인 참여자가 되게 했다.

  그때 배운 기본적인 요가 동작들은 지금까지 나만의 스트레칭 루틴으로 자리 잡았다. 나의 스트레칭 동작들은 요가라고 하기에는 가르쳐 주신 옆 반 선생님께 죄송스러운 것이다. 딱 내 수준에서 꾸준히 할 수 있는 정도의 것이다. 그래도 그때 이후로 지금까지 유용하게 잘 써먹고 있으니 옆 반 선생님께 무한 감사하고, 참 잘 배워 두었다 칭찬하고 싶다.

오늘처럼 일은 안 풀리고, 목이 아프고 어깨가 무겁고, 머리까지 지끈거릴 때는 매트를 깐다. 매트 위에서 온몸의 힘을 빼고 앉는다. 그때 옆 반 선생님의 차분하고 여유로운 목소리가 나에게 말을 거는 듯하다. '크게 숨을 들이마시고 멈추고 내쉬고. 가만히 천천히 오른쪽으로 목을 돌려보자. 에고, 여기가 딱딱하고 아프구나. 여기서 좀 더 천천히. 이번에는 왼쪽으로 천천히.' 나의 모든 세포가 목에 집중된 기분이다. 나의 모든 시선이 목을 바라보고 있다. 아주 잠깐, 10초, 20초, 목이 주인공이 되는 시간이다. 그렇게 목에서 어깨로 팔로 등으로 허리로 다리로 무릎으로 복숭아뼈로 발뒤꿈치로 발가락 끝으로. 하나하나 살피고 돌봐준다. 때로는 10분, 때로는 1시간을 훌쩍 넘긴다.

매트를 다시 돌돌 말아 사물함 옆에 가지런히 세워 두었다. 따뜻한 차 한잔을 들고 다시 모니터 앞에 앉았다. 엔터키 치고 비밀번호를 넣었다. 반짝이며 열리는 화면의 글씨가 하나하나 선명하게 읽힌다. 검색창에 단어를 입력했더니 바로 내가 원하는 파일들 몇 개가 뜬다. 조금 전에는 왜 보이지 않았을까? 자료입력 칸이 하나씩 채워졌다. 시계를 확인해 보니 아직 퇴근까지 10분이나 남았다. '아니, 이게 이렇게 빨리 끝날 일인가!'

몸이 가벼워지니, 일이 술술 풀렸다. 그냥 웃음이 나고, 날아갈 것 같다.

내 몸 돌보는 것부터 잘해야 한다. 내 몸을 평소에 잘 살펴야 한다. 내 몸 돌보는 운동 하나쯤 있으면 좋다. 몸을 잘 돌봐야 마음도 돌보아진다. 몸과 마음이 건강하면 어려운 일도 수월하게 해낼 수 있다. 지혜와 빠른 판단력은 몸과 마음이 튼튼할 때 생긴다. 건강한 교사는 아이들의 필요에 더 민감하게 반응할 수 있다.

눈이 침침하고 목과 어깨가 뻐근한가 싶으면, 나는 매트를 편다. 나를 돌보는 시간이다.

우리 반 알림장

✏ 오늘의 문장

몸을 잘 돌봐야 마음도 돌보아집니다. 몸과 마음이 건강하면 어려운 일도 술술 풀립니다. 지혜와 빠른 판단력은 몸과 마음이 튼튼할 때 생깁니다.

☕ 오늘의 생각

여러분의 몸을 천천히 관찰해 보세요.
관심과 돌봄이 필요한 곳이 있나요?
어떻게 돌봐주면 좋아할까요?

_____

_____

_____

_____

_____

에필로그

정신없는 하루를 보내고, 퇴근 시간을 훌쩍 넘긴 5시 20분이 되었습니다. 십여 분 전부터 갑자기 폭우가 쏟아졌습니다. 비바람에 번쩍번쩍 천둥번개까지. 창밖으로 보이는 운동장은 벌써 어두워졌습니다. 비는 그칠 기미가 보이지 않고, 빗줄기는 더욱 거세졌습니다. 우산을 챙겨 주차장까지 걸어가는데, 바짓가랑이가 홀딱 젖었습니다.

겨우 차에 올라 시동을 걸었습니다. 와이퍼가 쉴 새 없이 움직였지만 앞이 뿌옇습니다. 핸들 잡은 손에 힘이 들어가고, 시속 20~30km로 운전했습니다. 천천히 달리고 있는데, 자동차 지붕 위로 '툭, 툭' 하는 소리가 연이어 들렸습니다. '뭐지?' 하는데, '퍽, 퍽' 작은 얼음이 산산이 부서지며 앞 유리로 흘러내리고 있었습니다. 동글동글 새끼손가락보다 작은 얼음덩어리였습니다. "우박!" 이런 날씨에 우박이라니! 시골길이라 차는 가끔 한 대씩 지나가고, 엉금엉금 비상등을 켠 채 달렸습니다. 더 이상

운전할 용기가 없었습니다. 폭우는 쏟아지고, 천둥번개는 치고, 우박은 쉴 새 없이 떨어졌습니다. 갓길에 세워 우박이 잦아들길 기다렸습니다.

어두운 갓길에서 기다리는 15분이 15시간 같았습니다. '무서운 우박은 그치려나, 집에는 무사히 도착하려나.' 온갖 생각이 드는 순간이었지요. 비바람이 조금 잦아든 것 같아 다시 시동을 걸고 천천히 달렸습니다. 한 5분쯤 달렸으려나, 매일 지나가는 매전면을 지나면서부터, 감쪽같이 맑은 하늘이 나타났습니다. 엥? 도로에는 비 온 흔적조차 보이지 않습니다. 맞은편에서 오는 차는 빗물에 젖은 흔적조차 없습니다. 옆으로 지나가는 논밭도 바짝 말라 있습니다. 이럴 수가! 잠시, 순간 이동한 기분이었습니다. 집에 도착할 때까지 내내 햇빛 찬란한 도로를 달렸습니다.
 조금 전까지 우박과 천둥번개에 떨었는데, 너무나 평화롭습니다. 혼자 생각하다 피식 웃음이 났습니다. 전쟁 치르듯 험한 길을 뚫고 왔는데, 바로 평화로운 세상이라니!

 인생이, 아이들을 가르치는 교사의 삶이 이렇지 않은가 싶었습니다. 어느 날은 모든 것이 힘들어 죽을 것 같은데, 조금 기다렸다 다시 걸어가면 언제 그랬냐는 듯이 평화로운 것. 가끔 믿었던 아이의 말과 행동에 힘이 쭉 빠질 때가 있습니다. 부모님의 말 한마디가 비수처럼 꽂히는 순간이 있습니다. 업무도 힘든데 동료와의 관계조차 힘들 때가 있습니다. 그런 날은 잠시 멈추고 힘 빼고 기다리는 시간입니다. 호들갑 떨지 않고, 이 또한 지나가리라 믿으며, 다시 오늘의 한 걸음을 걷습니다. 우박 쏟아지는 날도 있지만 이보다 비교할 수 없는 수많은 찬란한 날들이 교실을 비추고 있으니까요. 감사하며 묵묵히 걸어갑니다. 오늘도 교실은 맑음입니다.